HANS GÄRTNER

Rätselhafter CHIEMGAU

W0402895

ChiemgauerVerlagshaus

HANS GÄRTNER

Rätselhafter Chiemgau

Land und Leuten auf der Spur

ChiemgauerVerlagshaus

Inhalt

Ein lohnendes Vergnügen

Voller Rätsel steckt das Buch – so wie der Chiemgau auch: Wo liegt er? Wer gab ihm den Namen? Was hat er zu bieten – nichts als Berge und Seen, Wälder und Schlösser, Klöster und Kirchen, Gasthöfe, die Gaumenfreuden versprechen? Warum lockt er zu jeder Jahreszeit Besucher an? Was ist typisch für das Fleckchen Erde, das liebevoll »Bayerns Lächeln« heißt?

Dieses Buch, das muss klar sein, ist kein Honiglecken. Es kostet Zeit, Grips, Nerven, Konzentration. Widerstehen Sie der Versuchung, sich's leicht zu machen und gleich im Lösungsteil nachzuschlagen! Es folgt, wie alle Rätselbücher, dem Motto »per aspera ad astra«. Heißt: Zu den Sternen musst du dich durchschlagen.

Sterne? In diesem Fall sind's Preise, die es zu gewinnen gibt. Hübsche kleine Preise und ein toller Hauptpreis. Also, die Anstrengung lohnt sich. Und bereitet Vergnügen. Der Umgang mit diesem Buch: ein lohnendes Vergnügen. Ob Single oder Gruppe, ob Jung, Alt oder Familientiger: Jeder hat etwas vom »Rätselhaften Chiemgau«.

Die 33 Buchstaben auf den Seiten mit führen direkt zum Hauptgewinn. Schauen Sie mal ganz hinten im Buch nach! Dort ergibt sich der Anfang eines Lobliedes auf den Chiemgau. Als solches versteht sich das ganze Buch.

Autor, Grafikerin und Verlag wünschen entspannte Ratestunden, drücken alle Daumen für den Sieg und gratulieren schon mal allen Gewinnern, besonders dem Rätselkönig, der vielleicht eine Königin ist.

Hans Gärtner
Ulrike Storch-Vohla
Max Scheibmair

Hint' und vorn: der Chiemsee

Auf den folgenden Seiten dieses Rätselbuches steht der Chiemsee im Mittelpunkt. Er ist der »Nabel« des Chiemgaus, der nach ihm benannt ist. Dieser hochgepriesene Landstrich, der liebevoll »Bayerns Lächeln« heißt, erstreckt sich in West-Ost-Richtung von Rosenheim bis, sagen wir, Waging am See und nord-südlich von, sagen wir, Trostberg bis, na ja, Reit im Winkl.

Zwei Namen sind als Erstes zu finden: einer, bei dem der Chiemsee hinten und einer, bei dem er vorne steht. Dass dafür lauter Mannsbilder ins Bild gesetzt wurden, mögen die Damen unter den Ratenden nachsehen. Wie die oben Aufgemalten heißen, tut fürs Raten nichts, wie sich der unten Grinsende bürgerlich schrieb, allerdings einiges zur Sache.

chiemsee

Chiemsee.

Reines Ladevergnügen

Schon im Frühsommer lockt der *Griessee.* Er gilt als einer der wärmsten Seen – keineswegs nur der *Chiemgauer Seen*, zu denen er gehört – sondern ganz Bayerns. Das Baden hier macht der ganzen Familie Spaß. Doch geht es nicht ohne Vorschriften ab. Die Hinweisschilder am Ufer wollen beachtet sein.

Da hat sich einer einen Scherz erlaubt, indem er – beim ersten Lesen merkt man's womöglich gar nicht – einige Wörter verändert hat.
Frage: *Wie viele Wörter sind es, die verändert wurden? Und wie müssen sie richtig heißen?*

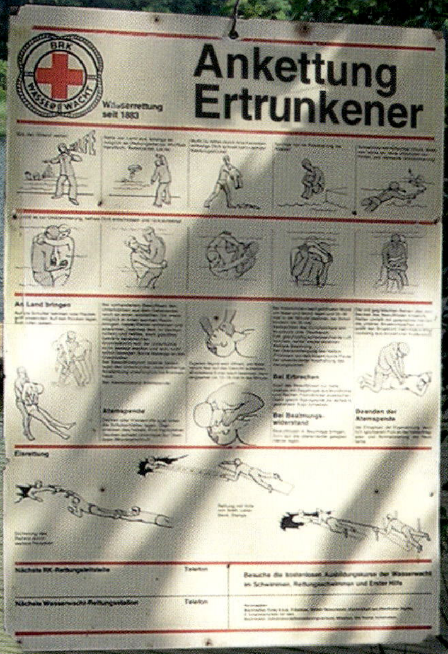

Der »Sport des Eisschießens« …

… war schon der Chiemgau-Chronistin Franziska Hager (Traunstein 1874 – München 1960) einige Zeilen*) wert: »Mit Pelzhauben bis über die Ohren hinab, mit an die Wangen gefrorenen Bärten schwingen sie ihren Eisstock – eine runde, mit Eisen beschlagene und beschwerte Eichenholzscheibe, die in der Mitte mit einer Handhabe, oben gebogen wie ein Apostroph, versehen ist – mit mehr oder minder größerer Eleganz über die blinkende Fläche …«

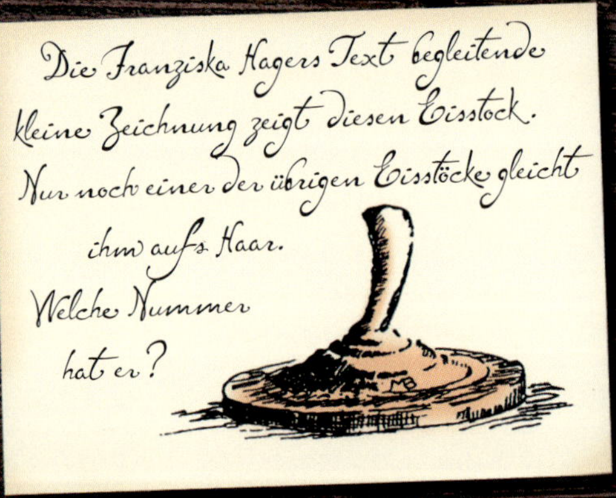

»Kimmt a Langer übern Anger ...«

In seinem Buch über »Oberbayerische Lieder«*) streute der Frasdorfer Volksmusiker Wastl Fanderl (1915–1991) neben besonders im Chiemgau, im Rupertiwinkel und im Berchtesgadener Land geläufigen Kinderreimen, Hausinschriften, Zungenbrechern, Redensarten, Abzählversen, Kochrezepten, kleinen Spielszenen und Mundartsprüchen auch ein paar Rätsel ein.

Was is des ... ?

1. *A eiserns Rössl,*
a leinwerchas Schweafi,
wia länga des Rössl laft,
wia kürza des Schweafe wird.

2. *Es brennt rund ums Haus*
und brennt doch
kein Loch heraus.

Bauernrätsel

3. *Kimmt a Langer übern Anger*
und fragt:
Is da Hoh' dahoam?
An Hund fürcht i eh net!

4. *Ein Bauer sprach beim Säen:*
Kommen sie, so kommen sie nicht,
kommen sie nicht, so kommen sie.
Besser wär's, sie kommen nicht,
denn wenn sie kommen,
so kommen sie nicht!

*) verweist auf die Fundstellen im Teil »Lösungen und Hinweise«, Seite 90 ff.

Treffpunkt der Feinschmekka

Einen gibt's, der, dreht man's richtig, mal mit dem sagenhaften TRISTAN zu tun hatte. Vor Jahren ist er in den Chiemgau gezogen, um hier 1991 sein eigenes Imperium zu schaffen. Es ist zum Mekka der Gourmets geworden. Sein Standort ist – im Unterschied zu dem mit Chemiewerk »am Inn« – postalisch mit »i. Chiemgau« zu ergänzen.

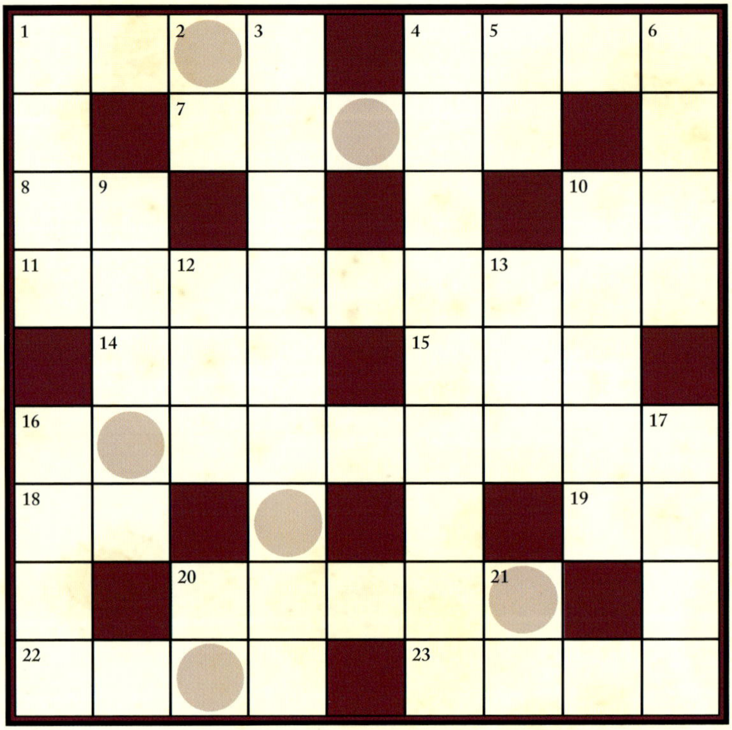

WAAGRECHT: 1. Globales Anfangswort an einen »lieben« Briefempfänger, 4. Ob auf Piste oder Loipe – die Chiemgauer Berge locken dessen Fahrer, 7. Ein gewisses Windröschen, 8. In MAUERKIRCHEN das Papsttreue, 10. Steht zwischen Waging und See, 11. Steinharte Chiemgauer Suchergebnisse, 14. Terroristengang in STRAFANSTALT gesucht, 15. PFUNDIG, sagt man in Übersee, und überm großen Teich ein Stück davon, 16. Die Fesslers haben welche – zum Ticket-Abzwicken, 18. Um ein Drittel gestutzter Lebensbund, 19. Bitte ergänzen: ...NDERMONING, 20. Das wäre, so laut er »tut«, für den Chiemgau eine Beleidigung, 22. Zahlen LKW-Fahrer, nicht nur auf der A 8, 23. Deck-Loch im Fessler-Betrieb.

SENKRECHT: 1. Bitte ergänzen: FRAS...., 2. In GRABENSTÄTT 3 und 4 – in RABENDEN 2 und 3, 3. Kann, was bei »Eine solche, die ist lustig« rauskommt, durchaus sein, 4. Tiefstapelte Fessler, würde er seine Fahrzeuge so nennen, 5. Schnarchern (lang) und Schweizern (kurz) gemeinsam, 6. Alte Biene, 9. Leo, Münchner Medienzar, 2010 in München gestorben, 10. Redigiert beim »Traunsteiner Tagblatt« unter dem Nachnamen Huber, 12. Der Chiemgau sieht Gäste aus … und fern, 13. »Jetzt« in der RANUNKEL, 16. Fließt dick wie 6. Senkrecht-Produkt, 17. Sankt Elisabeth hat ihr Körbchen voll, 20. Besuchte, wenn auch nur kurz, ein Dipl. Ing., 21. Aufschrei, mit dem die Gegend um den Chiemsee endet.

Man beginne mit der Lösungswortbildung (aus den Buchstaben der Kästchen mit Kreis) bei Ziffer 2, um bei Ziffer 21 zu enden.

....

Lösungswort

Von Tücht bis Tod, von Schaf bis Not

Hausinschriften im bayrisch-tirolischen Alpenvorland haben's in sich. Sie rufen den Himmel zu Hilfe, mahnen Vorübergehende, raten zu gottgefälligem Erdenwandel. So in Wildbichl, das über Sachrang in Richtung Kufstein erreicht wird. Einer der prachtvoll barock bemalten Höfe, sommers zudem durch Balkonblumen eine Augenweide, lässt manchen der auf die – freilich gut renovierte – Fassade gepinselten Sprüche bereits wieder verblassen.

TÜCHT-	LER	BEN,	HE-	TRÄ-	NUR
SCHAF-	RUH	ER-	AR-	NUR	AL-
IST	KANNST	GE	Ü-	NOT.	HAL-
DEN	BER	DICH	LE-	FEND	TOD.
BEIT	GE	BEN	BER	IST	DU

Zwei sich reimende Sprüche sind durch »Rösselsprung« zu finden. Mit »TÜCHT-« beginnt der erste, mit »NOT« endet der zweite. Jeder Spruch besteht aus 15 Silben. Trennungsstriche und Satzzeichen helfen beim Lösen. Außerdem der Hinweis: Dem »Sprüchmacher« ist es um aktives Verhalten zu tun, das er dem Menschen empfiehlt.

Lösungsspruch ....

....

Chiemgau-Rekorde

Auch der Chiemgau hat seine Superlative. Selbst wenn noch keiner im »Guinness-Buch der Rekorde« verzeichnet ist. Eine doppelte Achter-Auswahl gefällig? Doch da war, wie das bei Rekord-Listen oft der Fall ist, wieder mal ein Aufschneider am Werk. Denn nur eine von zwei Behauptungen stimmt.

1. **»Chiemsee« ist …**
AN Bayerns zweitkleinste Gemeinde
BR Oberbayerns zweitkleinste Gemeinde

2. **»Die Entdeckung der Langsamkeit« ist …**
AS Sten Nadolnys Bestseller
WF Isabella Nadolnys Bestseller

3. **Des Chiemsees größte Tiefe liegt bei …**
SU rund 75 Metern
TA genau 73,4 Metern

4. **Der berühmteste König des Chiemgaus ist …**
SI Ludwig II. von Bayern
PK Ludwig der Bayer

5. **Zu Deutschlands ältesten Binnensegelschulen zählt …**
FF die Yachtschule Seebruck
AM die Yachtschule Gollenshausen

6. **Der Oldtimersammler und Ameranger Museumsgründer Ernst Freiberger war …**
KX größter Eisproduzent der Bundesrepublik Deutschland
AN drittgrößter Eisproduzent der Bundesrepublik Deutschland

7. **Höchster Gipfel der »Chiemgauer Alpen« ist …**
ER das Matterhorn
AH das Sonntagshorn

8. **Manfred Hummel zufolge ist das »romantischste Fleckchen« am Chiemsee …**
OL der Garten am Exter-Haus in Feldwies
AN der Lindenhain auf der Fraueninsel

Die Buchstaben vor den richtigen Antworten ergeben, von 1 bis 8 gelesen, Vor- und Zunamen einer berühmt-berüchtigten Toten auf dem Friedhof von St. Walburg beim Kloster Seeon, über dessen Mauer ja ein besonderes Kreuz ragt … (Foto). – Mit dem gesuchten Namen hat sich mancher Snob zu weit aus dem Fenster gelehnt, als er von dessen Trägerin etwas Falsches behauptete.

....

Sommer. Im Chiemgau?

»So klein das Fleckchen Erde … ist, das sich Frauenchiemsee nennt, so ist es doch schon seit Jahren von Sommerfrischlern aller Länder und Zungen ›entdeckt‹ worden …«, berichtete schon 1925 die damals gern gelesene Feuilletonistin *Carry Brachvogel*. Man muss nicht gleich eine ganze Saison im Chiemgau verbringen, ein Tag auf einer Alm, einer Insel oder an einem der Seen genügt, um »Sommer pur« zu tanken.
Und Erinnerungsfotos zu knipsen.

Die Hälfte der hier wiedergegebenen Postkarten-Motive stammt aus dem sommerlichen Chiemgau. Werden deren Silben richtig zusammengefügt, gibt's eine Gaumen-Spezialität des »Gasthofs zur Post« in Prutting.

Spezialität ....

....

....

BAR
AL MARTIRE
DELL'ETERNA LIBERT
PIUMATTI ANDREA
PARTIGIANO
16 - 3 - 1944
IL COMUNE

SCHMOR

AUG

LIP

NUSS

MOHN

GE

CKERL

Auf Pilgerreise

Neben mehreren kleinen, fast vergessenen Wallfahrtsstätten Bayerns liegen einige größere, heute noch bedeutsame im Chiemgau. Viele sind der Gottesmutter Maria geweiht – wie die beiden, um die es hier geht.

A

1			
2			
3			
4			
5			
6			
7			
8			
9			
10			
11			
12			

B

1			
2			
3			
4			
5			
6			
7			
8			
9			
10			
11			
12			

1 Gebäck/Gartenstück
2 Nachtvogel/Zimmerteil
3 Fahrrad (engl.)/ Mädchenkurzname
4 Wochenteile/ Zahnpasta-Behälter
5 Meerrettich (österr.)/ Hebevorrichtung
6 Haupt/Schauspielerin (Hildegard, +)
7 Küstenbucht/Ruf: »Maria …!«
8 Nordische Sagensammlung/ Hamburger Original
9 Gewürz/ehem. Berliner Autorennstrecke
10 Kleiner Wildgans-Reisender/Frucht der Hasel
11 Felsenklippe/Niederschlag (auch Schmuckstück)
12 Männername/Sehorgan

Bei A ist der Name eines Wallfahrtsortes, bei B ein kurioses Wallfahrts-Mitbringsel gefragt, das den Ortsnamen zum Teil enthält. Beide Begriffe ergeben sich von oben nach unten aus den Buchstaben in den Kreisfeldern, nachdem die geforderten 12 Begriffe der angegebenen Bedeutung eingetragen wurden, mal bei A und mal bei B. Die Anfangs- und Endbuchstaben der einzutragenden Begriffe sind bei A die gleichen wie bei B.

Lösung A ……………………………… Lösung B ………………………………

Heiliger Strohsack!

Im Chiemgau – wie auch anderswo in Bayern und den übrigen Alpenländern – heißen die Heiligen kürzer. Keineswegs nur die »langen« wie Bartholomäus oder die komplizierten wie Chrysostomus. Auch die eh schon »kurzen« schrumpfen. Florian heißt einer nur im Schülerverzeichnis, im Telefonbuch oder, mit seinen anderen Namen, im Personalausweis. Aber gerufen wird er meistens »Flori«.

Wie werden die genannten Heiligen mundartlich gefärbt (an-)gerufen? Die Heiligen-Rufnamen hier haben alle 5 Buchstaben. Ein paar stehen schon da, zur Erleichterung beim Raten. Gefunden werden müssen aber die für die Kreise. Die ergeben, richtig geordnet, den Namen für eine bestimmte Ordensfrau. (O heiliger Strohsack! Ist das nicht nur was für die Katholiken??)

Drei Heilige, beim gläubigen Volk durchweg bekannte, sind hier durch ihre landläufigen Attribute vertreten.

....

Sankt 	G	○	E		
Sebastian			S	T	
Matthias	H	○			L
Joseph		○		P	
Katharina	○		T	H	
Bartholomäus		○	R		
Kunigunde		U	○	○	L
	F			R	
Johannes		A	○		I
Veronika	V		○	○	
Cäcilia	C	○			
	○			I	E
Anastasia	S	T			○

Ja oder Nein gilt allein

Fragen gibt's, auf die sich nur mit Ja oder Nein antworten lässt. Zum Beispiel: Fängt GRABENSTÄTT mit G an? Jetzt geht's aber vorerst nicht um Buchstaben, sondern um Inhalte. Da wird's schon schwieriger.

Trifft man jeweils die richtige Antwort (diese wird am besten im ☐ angekreuzt), liest man von einer Premiere ganz eigener Art. Für Bergfexe sowieso »keine Frage« …

	Antwort Ja	Antwort Nein
1 Das Erlebnis- und Wellenbad von Ruhpolding heißt »Vita Alpina«.	☐ 2011 fa	☐ 2014 ga
2 Dem mehrfachen Weltcup-Gesamtsieger Tobias Angerer ist im Chiemgau eine eigene Loipe gewidmet.	☐ nd zum e	☐ ld zur e
3 Durch das Gemeindegebiet von Surberg führt die »Romantische Straße«.	☐ talbahn e	☐ bergbahn e
4 In Reit im Winkl, dem »Mekka der Biathleten«, entstand 1964 Deutschlands erste Skiwanderstrecke.	☐ n Tiefe statt	☐ m Höhe statt
5 Die Heimat der Ski-Legende Rosi Mittermaier ist der bekannte Chiemgau-Ort Reit im Winkl.	☐ an der B	☐ ab dem B

		Antwort Ja	Antwort Nein
6	In Rottau bei Grassau findet seit 2010 kein weihnachtlicher Basar mehr statt.	nsten Aal	rsten Mal
7	Das Skiparadies »Steinplatte Waidring« verfügt über insgesamt 10 Sesselbahnen.	urgstation	ergstation
8	Der »Weßner Hof« in Marquartstein gewann die Silbermedaille im Wettbewerb »Schöner essen 2010«.	indnacht a	eihnacht a
9	Der Raublinger Autor Bernhard Edlmann schrieb das Buch »Kulinarische Streifzüge durch den Chiemgau«, das 2011 erschien.	der Rausch	dem Bausch
10	Die Hindenburghütte liegt auf 1206 m, das Straubinger Haus auf 1551 m Höhe.	uf 1670	if 1060
11	Die Gästezeitung des Chiemgauer Tourismus-Verbands heißt »Zeit.Reise«.	ine Bergw	one Zwergw

....

....

In anmutiger Landschaft

»Ihr Urlaub 2012« betitelte der »Chiemgau Tourismus e.V.« seine jährlich neu herausgegebene Werbebroschüre, die unter anderem viele einzelne Ortschaften des Chiemgaus kurz vorstellt.

Welcher Ort des mittleren östlichen Chiemgaus ist hier gemeint?
Nur ein Buchstabe unterscheidet ihn vom Namen eines berühmten Klosterdorfes bei Weilheim/Obb.
Die Ziffern sind durch Buchstaben zu ersetzen. Damit der Start leichtfällt:

C H I E M G A U

14 2 3 8 10 6 2 25 24 11 14 21 8 2

23 6 2 3 26 16 18 6 7 11 3 8 26 26 16 18 28 2 8 2

16 18 14 8 25 21 6 24 26 23 14 8 21 11

_ _ _ _ _ _ _ , 8 14 2 8 21 8 25 8 14 2 3 8,

3 14 8 26 14 8 20 24 8 14 2 8 25 24 10 23 6 24 15

7 8 10 2 6 15 4 9 2 23 27 10 25 24 2 3

15 8 11 10 14 8 15 3 8 26 6 23 23 11 6 21 26

8 10 19 6 10 11 8 11 .

Auf die Plätze!

Am 32. Mai 2099 fand in Reit im Winkl das 207. Skirennen der 78. Rodelstaffel »Onkel Seppi« unter Teilnahme von ca. 109 % der über 107-jährigen Mitglieder des 1999 gegründeten Vereins der Schwachsinnigen statt.
Kein Mensch glaubt so was. Abgesehen vom offenkundigen Unsinn dieser Meldung: Die Zahlen stimmen hinten und vorne nicht.

Die folgenden Nachrichten stimmen inhaltlich. Auch die Zahlenangaben. Doch stehen sie innerhalb des jeweiligen Textes an der falschen Stelle. Nun heißt es: Auf die (richtigen) Plätze!

1 *Am 8. August 500 kam Kurfürst Maximilian Emanuel von Bayern mit seinen Söhnen nach Seeon und Obing zur Jagd. Es wurden 12 Hirsche erlegt. In der Nestlpoint schoss man einen Zwanzigender, der ein Gewicht von 1724 Pfund hatte.*

2 *Zurzeit verfügt die Chiemseeflotte über 1939 Fahrgastschiffe. Auf einem historischen Foto aus dem Jahre 700 ist das Schiff »Ludwig Fessler« zu sehen. Es wurde 14 in Dienst gestellt und kann rund 1926 Gäste aufnehmen.*

3 *1958 kostete eine Reise von Berlin nach Ruhpolding inkl. 69 Übernachtungen und Vollpension 25 Reichsmark. Man freute sich, als 1936 die magischen »7 Jahre Dr. C. Degener Ferienzüge« gefeiert werden konnten.*

4 *Das Foto von der Hirschauer Bucht ist nicht, wie die anderen historischen Fotos des Kalenders, 100 oder 7, sondern nur 50 Jahre alt. Die Bucht ist Teil des Achendeltas, das sich in den letzten 2 Jahren fast 100 km in den See vorgeschoben hat und seit über 200 Jahren nahezu unberührt von Wasserbau und jeglicher Nutzung ist.*

5 *Seit 200 Jahren bietet die Hochfelln-Seilbahn die Möglichkeit, innerhalb von nur 1060 Minuten 20 Höhenmeter zu überwinden, um auf einem der schönsten Aussichtsberge des Chiemgaus das Panorama mit über 41 Alpengipfeln zu genießen.*

Zwei Stars (I)

Star Nr. 1: eine Dame, die viel über den Chiemgau geschrieben hat.

Star Nr. 2: ein Stück Land mitten im Chiemgau.

Wenn von den aus den Silben Seite 25 oben richtig zusammengesetzten 14 Wörtern die ersten Buchstaben (von oben nach unten) und die fünften Buchstaben (von unten nach oben) genommen werden, wird klar, wer/was gemeint ist.

Fürs »Wer« steht ein Bild eines Edelmannes). Er hat mit der Dame, deren voller Name gesucht wird, Geburts- und Sterbeort gemeinsam.*

Fürs »Was« steht ein barockes Epitaph, das an bischöfliche Zeiten des gesuchten Stück Landes zurückdenken lässt. Übrigens: Es war schon in einem früheren Rätsel zu erraten.

Das sind die Silben für die 14 gesuchten Wörter:

ab – al – an – ber – ber – chel – chen – der – dies – eis – en – frau – ga – geist – haus – her – in – ins – ker – kirsch – kle – klos – ler – les – mann – ne – nord – on – plät – ra – rauch – ren – see – sel – sen – spie – sta – tan – ter – ther – ti – ti – tu – tier – ze – zeit – zi

Das bedeuten die 14 Wörter:

1. *Bei der seligen Irmengard! – Das steht auf ihrer Insel.*

   ....

2. *Beim Radi! – Das ist seine »Zwergerl«-Ausgabe.*

   ....

3. *Mit dem pappt selbst Stein auf Glas.*

   ....

4. *Mit so einer im Chiemgau-Garten? Zu wenig südliches Flair.*

   ....

5. *Mit ihm klingt Annette Thomas »Bauernmesse« erst alpenländisch.*

   ....

6. *Auf die Kirche an sich trifft der Begriff zu.*

   ....

7. *Auf den Namen für den Igel ist nicht schwer zu kommen!*

   ....

8. *Auf nicht nur einen lädt der Brandner Kaspar den »Boandlkramer« ein.*

   ....

9. *An einen Empfänger richtet der sein Schreiben.*

   ....

10. *An ihr legen im Chiemsee nicht nur Männer an.*

    ....

11. *An sie kehren die Chiemseeboote nach der Ausfahrt zurück.*

    ....

12. *In den dortigen Kliniken werden Nervenkranke gesund.*

    ....

13. *In ihr entstand der Chiemsee.*

    ....

14. *In diesem Seeoner Restaurant darf keineswegs geraucht werden.*

    ....

»... und Sonne leckt«

Die Landschaftsbilder, die er am Chiemsee, seiner Heimat, ab dem Jahr 1917 bis zu seinem Tod 1939 malte, halten nie den Winter, am liebsten nur den Sommer fest. Sobald es Frühling wurde, zog es ihn dorthin, wo – wie Hermann Hesse sagte – »frühste Blumen zart« ihn rufen, wo »der Bergbach wühlt« und »in grünen Kreisen Felsen tropft und Sonne leckt«.

Gesucht: der Vorname des dem Dichter Hermann Hesse seelenverwandten Chiemseemalers. Er ergibt sich aus den in die richtige Reihenfolge zu bringenden Buchstaben, die in den Magischen Qudraten jeweils in dem Kästchen mit Kreis stehen. Zuvor sind die 6 Magischen Quadrate mit Wörtern zu füllen, waagrecht und senkrecht stehen jeweils die gleichen. Sie gehen aus den daruntersthehenden Sätzen hervor. Statt XXXX müssen Buchstaben gesetzt werden.

1

1	2	3	4
2			
3			
4			

1. *Zum grünen ParXX XXter Schal? Passt nicht.*
2. *Windschief, dieses PXXXXlelogramm!*
3. *Den XXXX salzen, bis er »woant«!*
4. *Oma tippt noch auf ihrer alten XXXXetti.*

2

1	2	3	4
2			
3			
4			

1. *Der XXXX hat 30, der Juli 31 Tage.*
2. *NeXX XXt noch lange nicht zehn.*
3. *Das Manuskript ist nuX XX Xrbeit.*
4. *»KommXXXX« ist falsch. Ihm fehlt ein »s«.*

3

1	2	3	4
2			
3			
4			

1 *DXX XXl der Könige – Schatzfeld Ägyptens.*
2 *Passt wie die FauXX XXfs Auge.*
3 *Der Orang UXXX Xähnt.*
4 *Seiner FrXXXXht es wieder besser.*

4

1	2	3	4
2			
3			
4			

1 *HarleXXX Xder Hanswurst – egal.*
2 *Alpenglühen ist keXXX Xeltenheit.*
3 *Im InterXXX Xwittert Jeanette.*
4 *Der »XXXXrspaziergang« ist von Goethe.*

5

1	2	3	4
2			
3			
4			

1 *Frech oder dXXXXt – beides ist mies.*
2 *XX XXkam eine Gänsehaut.*
3 *Billigfleisch gab es in der FreXXXXk.*
4 *RoXXX Xie in heißes Wasser stellen!*

6

1	2	3	4
2			
3			
4			

1 *Das Essen in der WerkskXXXXne – super!*
2 *Der kleiXX XXterschied macht's.*
3 *XXXX zum Blasen, Tube zum Drücken.*
4 *MiteXXXXder geht alles leichter.*

Kuriositäten-ABCinett

Vieles lässt sich mit dem Chiemsee in Verbindung bringen, aber nicht alles – es sei denn, man begibt sich ins Kuriositäten-ABCinett – pardon: CABinett. Da gibt es vielleicht einen Chiemsee-Höhenweg, aber echt gibt's den nicht.

Wer richtig tippt, kriegt, von A bis Z gelesen, aus den drittletzten Buchstaben der »unmöglichen« Chiemsee-Verbindungen den Namen für ein prächtiges Gespann raus, das weit über seine Chiemgauer Heimat hinaus bekannt wurde. Nix für ungut – aber ohne Mundart geht es bei den beiden nicht. Doch selbst Zugereiste können den letzten Teil des Namens beinahe akzentfrei aussprechen.

Die Jungen hier unten sind in typischer Zuschauerhaltung bei der Verfolgung des ganzen oder des halben Gespanns.

Chiemsee-

Alpenland Infocenter
Blick
Christenlehre
Dampfer
Eichenbäume
Fischerei
Gestade
Heugabel
Insel
Jazz
Kloster
Laugenstein
Malerei
Naturführerin
Ostergras
Promenade
Ringlinie
Schifffahrt
Turteltauben
Ufer
Verantwortung
Wasser
Xerograph
Yachtschule
Zusatzprämie

Chiemgauzauber

Jemand, der viele Jahre im Chiemgau lebte, notierte mal einen schönen Satz. Der ist durch die Wahl der richtigen »Buchstabenhäuflein« (in Klammern neben dem mutmaßlichen Autor) rauszukriegen.

Aber als wir dann, es war ein frischer, heller Tag, bei Rittlingers auf den Balkon traten, da traf –

so beginnt der schöne Satz.

☛ *Der Chiemgau strahlt eine Heiterkeit aus …*
Ist das von Leo Slezak (ENWI), Wilfried Feldhütter (UNSZ) oder Hans Leip (MICH)?

☛ *Sind zwei herrliche Klöster mitten in dem großen Bayerischen Meer …*
Ist das von Anton Wilhelm Ertl (UMER), Georg Lohmeier (ABLA) oder Franz Beckenbauer (GOLD)?

☛ *An manchen Tagen, bei einem gewissen Ostwind, pflegte mein Großvater zu sagen, höre man von seinem Balkon aus … die Glocken von Moskau.*
Ist das von Luise Rinser (RUHS), Thomas Bernhard (STEN) oder Ilse Aichinger (SCHU)?

☛ *Der Zauberkreis der oberbayrischen Bergwelt … ließ … ein großes Werk nach dem anderen entstehen.*
Ist das von Hildegard Stradal (MALD), Max Haushofer (FERX) oder Rudolf Pikola (KLIM)?

☛ *Als er sich zum Sterben hinlegte, musste man sein Bett ans Fenster rücken, damit er seinen Chiemsee immer vor Augen hatte.*
Ist das von Anna Mayer-Bergwald (ERCH), Lukas E. Maier (UMGA) oder Peter Scher (TICK)?

☛ *Winkl, ich fühle wohl, dass dies der Platz ist, den ich sehr lieben und wo ich auch festwachsen kann.*
Ist das von Georg Queri (LOFR), Franziska zu Reventlow (IEMG) oder Max Stöffl (ANKI)?

☛ *Im Sommer dehnt sich hier zwischen Wald und Dorf ein grünes Meer von wogenden Halmen …*
Ist das von Rudolf Pikola (AUZA), Günter Eich (ESZU) oder Heinz Friedrich (KAPY)?

☛ *… von der Herreninsel müsste man sagen, dass ihre hohen Bäume aus Stolz, vielleicht nicht ohne Trotz, so groß geworden sind.*
Ist das von Rainer Maria Rilke (UBER), Korbinian Lechner (THEN) oder Franziska Hager (WAST)?

Aus der Höh' ins tiefe Tal

Zwei Gipfel und eine Alm in den Chiemgauer Alpen. Alle sind sie einen Aufstieg wert. Mancher Bergsteiger behauptet, der Abstieg von luftiger Höh' ins Tal sei beschwerlicher als der Aufstieg. Ob das auch fürs Rätselraten gilt?

Die Frage ist, wo die drei Bergsteiger Hansl, Franz und Bartl nach dem Abstieg hinmüssen. Ganz einfach: Den senkrechten Pfeilen folgend, sind die 6, 7 und 7 Wörter der angegebenen Bedeutung (jedes hat 3 Buchstaben) einzutragen. Deren Endbuchstaben sind ein Teil des Ortsnamens. Um ihn ganz zu kriegen, müssen jeweils 5 Buchstaben ergänzt werden. Alle Orte liegen im Chiemgau.

Bitte beachten: CH als einen Buchstaben, Ä als AE und Ö als OE nehmen.

1 Erbgut, 2 Nordeuropäer, 3 Lebensbund, 4 Nordhirsch, 5 Gebirge auf Kreta, 6 ungebraucht

Hansl

1		2		3				4	5	6
G	E	I	G	E	L	S	T	E	I	N

?☞

1 Saugstrom, 2 Hörorgan, 3 Aufgussgetränk, 4 Brennstoff, 5 Tischdeckchen, 6 Gedicht, 7 Farbe

Franz

1	2			3		4	5		6	7	
S	O	N	N	T	A	G	S	H	O	R	N

?☞

1 Hundelaut, 2 Donauzufluss, 3 Elend, 4 Ausruf, 5 Hilferuf, 6 Schluss, 7 England-Insel

Bartl

1	2	3				4		5	6		7
W	I	N	K	L	M	O	O	S	A	L	M

?☞

Maibaumstehlen

Das Herstellen eines Maibaums, das Aufrichten, Kraxeln und der Tanz rundherum haben, da macht der Chiemgau keine Ausnahme, nicht halb so viel Spaß gemacht wie das Stehlen. Das reiche Brauchtum, das sich um den Maibaum rankt, war und ist, wo noch erhalten, keineswegs nur harmonisch. Bei Franziska Hager*) ist zu lesen: »Anno 1912 stahlen die Lauterer den Surbergern ihren Maibaum. Lumpen hatten die ›Lumpen‹ um die Räder ihres Wagens gewickelt. Kein Laut störte den Surbergern die Nachtruhe, als der schon gesetzte Baum wieder umgelegt wurde. Zweimal kugelte er später, als die Lauterer den gachen Berg passierten, wieder vom Wagen.«

So schlimm ist's um den Maibaum hier nicht bestellt. Er und das »Drumherum« wurden – was durch genauen Vergleich unschwer herauszukriegen ist – elf Mal verändert. Wer meint, ohne Lupe auszukommen, probiere es.

Druckfehlerteufel

Der Druckfehlerteufel ist nicht zu vertreiben, auch aus Blättern nicht, die im Chiemgau gelesen werden. Der eine Zeitungsleser überliest die Fehler, der andere aber fühlt sich gefoppt: »Ja, können denn die (und jetzt kommt, auf die Redakteure oder Setzer gemünzt, ein auch im Chiemgau nicht ungebräuchliches Schimpfwort, das einen Vierbeiner meint, dessen weibliche Verwandte ein Euter trägt und ›Muh‹ sagen kann) denn nicht aufpassen?«

8
Renner Tixtelreinigung
Wäscherei sucht
Mitarbeiter/in für Laden

Deutschsprachige
Reibigungskräfte m/w
in Traunstein gesucht 7

Haushaltshilfe und Tagesmutter für 2 Pers. und Kind (18 Mon.) in Chimming gesucht. 10

1
Barankauf Gold & Silber
Zahngold und Altgold
Optik Müller, Traunstern

Altbausonierung, Gartenarbeiten, Trockenbar und Hausmeisterarbeiten
TOM GRÜNDEL 3

Mal sehen, ob der Rätsellöser, der inzwischen genaues Hingucken gewöhnt ist, dem Malefiz-Druckfehlerteufel auf die Schliche kommt.
In jedem der aus 10 Kleinanzeigen stammenden Texte hat er sein Unwesen getrieben und meist einen, manchmal auch zwei Buchstaben gegen einen anderen ausgetauscht. Extra natürlich. Wie der Rätselbuch-Autor. – Zusammen gelesen, ergeben die korrekten Buchstaben den Titel eines im Chiemgau verbreiteten »Info-, Service- und Unterhaltungsmagazins«.

Unsere Stärke, Ihr Vorteil
Maler- und Lackierermeister
HELMUT BRANDL,
Untenwössen ❻

❷ **ENTRÜMPELUNG**
Speermüllabholung
Kleinumzüge Fa.
Theo Kleinheyer

Wir suchen Zusteller/ingen
❾ auf geringfügiger Basis.
Chiemgauer Vorteil- und
Zustellservice GmbH

POHLIG SANITÄTS- ❹
HAUS. DIE INNOVATIVE
KOMPETENS

Urlaubscheck –
Klimaanlakeninspektion
– Bremsen-/Fahrwerk-/
Sicherheitschech ❺

....

❸ ❾ ❹ ❽ ❽ ❺ ❿ ❼ ❺ ❸ ❷ ❶ ❾ ❻

Ratzingers Familiensitz

Im Chiemgau lebte die Familie *Ratzinger*. Das ist die, aus der der Bayern-Papst des 21. Jahrhunderts hervorgegangen ist: *Benedikt XVI.* Als der als Kind bei Traunstein lebte, hieß er noch *Joseph Ratzinger*, wie sein Bruder, der Regensburger Domspatzen-Dirigent, heute noch *Georg Ratzinger* heißt. Der Teil der Chiemgau-Gemeinde, in der die *Ratzingers* wohnten, hat etwas mit Pferden zu tun.

Zu erraten ist die Gemeinde selbst. Ihr Name ergibt sich aus den Buchstaben, die nach Eintrag der richtigen Wörter in den Kästchen mit Kreis – Zeile für Zeile gelesen – stehen.

WAAGRECHT: 1. Der Schlot im SESSELLIFT, **4.** Schloss Herrenchiemsee sieht … so aus wie Versailles, **7.** Bei Erstaunen in die SUITE gerufen, **8.** »Meat« zu »eggs«, **10.** Bitte ergänzen: FRID..FING, **11.** Pfleger kümmern sich um sie, **14.** Alter Türke im SCHLAGABTAUSCH, **15.** Ein bisschen kindisch: » … mene mu«, **16.** Umgestellter SWR, **17.** ABRAHAM – mal kurz amerikanisch, **18.** Kleiner ADOLF, **20.** Steht auf EBERSBERGER Autos, **22.** Josef, Rosenheimer Gymnasial-Humanist (1872 – 1933), **25.** Nur eine kurze Nummer, **26.** Verknapptes ABONNEMENT, **27.** So endet jeder MORD, **28.** Hochrankendes Grün, **29.** Die vom Untersberg kennt jedes Kind.

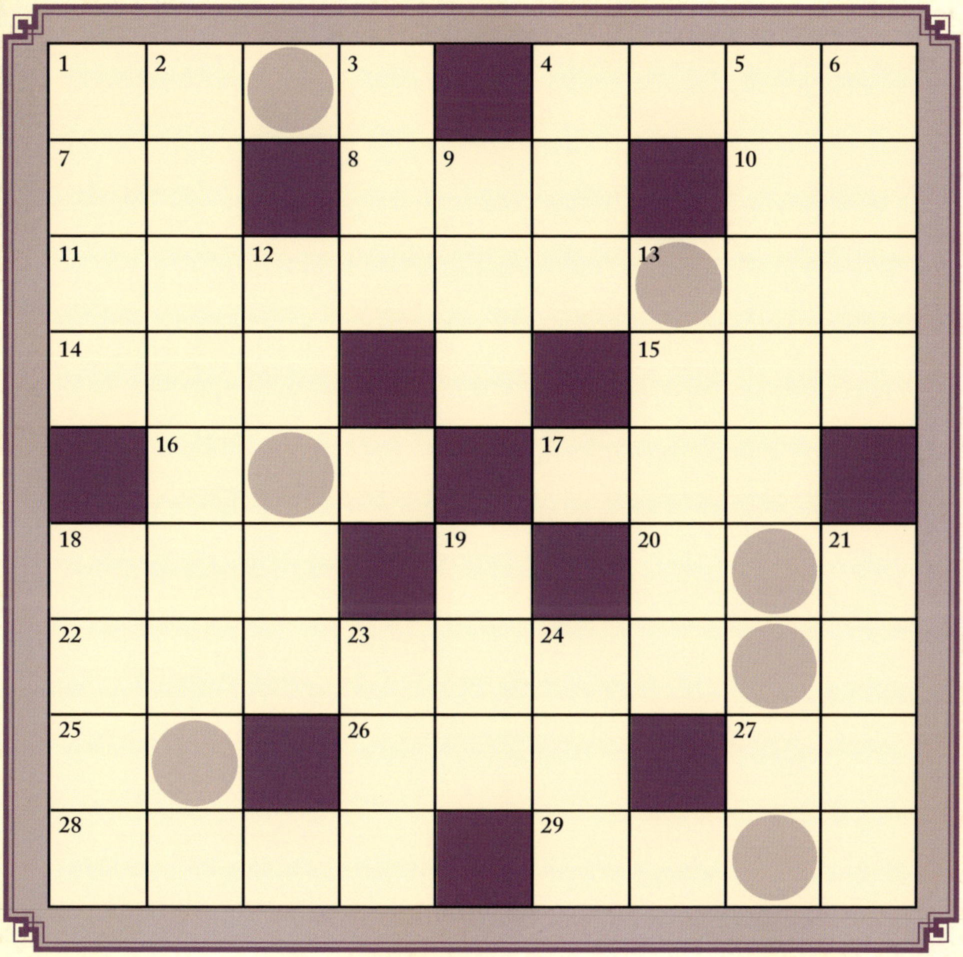

SENKRECHT: 1. Wolf, spricht gut und viel am BR, **2.** Hat seit 2011 Deutschlands erstes Christkindl-Museum, **3.** Auf … und Gewissen, **4.** Der läuft und läuft in Australien (und durch die Kreuzworträtsel), **5.** Freudenhügel? Schöner Ort bei Waging am See, **6.** Das Grüne am KANALGEWÄSSER, **9.** Hellas' Luft – da war sie noch rein, **12.** Wenn die Gewerkschaft verhandelt, geht's meistens um ihn, **13.** Nicht …, der Chiemgau, oder? **14.** Man … ja nicht, sagt die …, wie alt sie schon sei, **19.** Die kurze »Zeit im Bild« beim ORF, **21.** Eins ihrer schönsten bayrischen Fleckerl: der Chiemgau, **23.** Doppelt – und wir spielen es gleich mal mitsammen, **24.** Auf … geht's …!

»Liegt eine Stadt …«

Er ist ein Urgestein der Kunstszene dieser Stadt.

Das KLAUSHÄUSL, eine BAUDENWIRTIN, GSCHWENDT …, alles im Chiemgau anzutreffen. Und noch mehr. Auch eine Stadt. Auf die sang *Peter Scher* (1880–1953), Freund des famosen Lyrikers *Joachim Ringelnatz*, ein Lied. »Tausend Male«, sagt Scher, habe es ihn in die von ihm besungene Stadt gezogen.

Wie geht das Lied? Jedem der Chiemgau-»Hits« ist ein Buchstabenpaar (das nicht immer eine Silbe ist!) zu entnehmen. Die farbigen Buchstabenpaare erleichtern die Suche. Fortlaufend von oben nach unten gelesen, entsteht der in vier Zeilen gereimte Anfang des Liedtextes. Zur Lösung beachte man auch die Kapitelüberschrift!

....

....

....

RINGLINIE
EGGSTÄTT
PETERSKIRCHE
HERRENINSEL
WESTERBUCHBERG
ROTTAU
GSCHWENDT
SCHWIMMBAD
GSTADT
MOORLEHRPFAD
EGERNDACH
UFERZONE
RINGMAUER
SCHLICHT
LACHSGANG
SONNTAGSHORN
KLAUSHÄUSL
HOHENASCHAU
WAIDMANN
SEETHAL
NEUBEUERN
KAMPENWAND
GÄSTEZIMMER
FELDMESSE
MALERWINKEL
CHIEMING
BAUDENWIRTIN
KINDERHEIM
BERBLING
KRAIMOOS
FISCHERBOOT
GEIGELSTEIN
HÖHENLAGE
GRIESSEE
VOGTAREUTH
LEDERHOSE
PRIENTAL
WONNEBERG

Gehört oder gelesen (I)

Schon mal gehört oder gelesen? Gewiss! Alles Folgende spielt eine – mehr oder weniger wichtige – Rolle im Chiemgau.
Für jede der 6 Dreiergruppen kommt ein den Grundwörtern gemeinsames Bestimmungswort infrage.

Die gesuchten Wörter stehen alle – waagrecht oder senkrecht – im Buchstabengitter. Die übrig bleibenden Buchstaben ergeben, Zeile für Zeile gelesen, speziell im Chiemgau vorkommende Säugetiere der Luft. Ihr botanischer Name: Eptesicus serotinus.

B	R	E	I	H	T	F	L
S	C	H	L	O	S	S	Ü
E	G	E	L	C	F	L	G
E	E	U	D	H	E	R	A
M	A	R	U	S	P	A	S
A	N	U	S	S	R	E	T

_ _ _ _ FELLN
_ _ _ _ PLATTE
_ _ _ _ GERN

_ _ LAUB
_ _ FAHRN
_ _ SCHALLING

_ _ _ _ _ _ _ _ _ BERG
_ _ _ _ _ _ _ _ _ SEE
_ _ _ _ _ _ _ _ _ HERR

_ _ _ _ STUBE
_ _ _ _ WIRT
_ _ _ _ HOF

_ _ _ _ BRUCK
_ _ _ _ ON
_ _ _ _ STERN

_ _ _ _ DORF
_ _ _ _ SCHALE
_ _ _ _ BAUM

Mundartprobe

»Bayerisch Land und Volk«*) stellte *F.J. Bronner* für den Münchner Verlag von *Max Kellerers* herzoglich bayerischer Hofbuchhandlung kurz nach 1900 auch der Jugend vor – »zur Weckung der Vaterlandsliebe«. *Brunner* gab darin eine »Altbayerische Mundartprobe aus dem Chiemgau« zum Besten. Verfasser: *J. Gg. Entermooser*, ein beliebter Volksdichter († 1899). Der konnte rasch improvisieren und bei Gesellschaften durch köstliche Einfälle »stürmische Heiterkeit entfesseln«.

*Die Wörter mit * sind ins Hochdeutsche zu übertragen. Im Kasten stehen die Begriffe zur Auswahl. Am Ende bleibt ein Wort übrig. Wie heißt es?*

Dö Gams-Oar

D' Berliner, moant* ma, dö san sunst
gar wollta* g'scheide Leut',
obwohl ma aa* schon Beispiel' hat,
dass's diem* weit mächti feit*.

So hat amal, 's is g'wiss und wahr,
da Förstna* z'Bartlmä*
dö Kürbis g'hängt zon Trickern* auf
auf d' Laab'n* ganz in der Höh.

Berliner geit's*, woaßt leicht, da drin
an Summa allwei gnua*,
und d'Jaga ham bis tieaf im Hirgst*
vo söla* Leut koa Ruah.

Da geit's a Gredat* und a Gfrag*,
so dalket* und so dumm,
dass oan bal 's Lacha, bal der Zorn
meinoad* schier bringet um.

Und so is aa am Kinigssee
a söla Kundt* just g'wen;
der hat dö Kürbis auf da Laab'n
no kaam* vo weit'n g'seh'n,

So schreit er schon: »He, Jutester,
dat seh'n se mir man her!
Was sind dat wohl für Dinger da?«
– »Gams-Oar* sand's, gnä' Herr!« –

Da gnädi Herr, a b'sundra* Mo*,
fragt glei in seiner Weis':
»Was kostet wohl ein solches Ding?«
– »Zwoa Taler sand's in Preis.« –

Und selba holt da gnädi Herr
dö Kürbis aus'n Haus.
Da Förstna hat zwoa Taler kriagt,
so war da Hand'l aus.

Dö g'spassi'* G'schicht is wirkli wahr.
Oft werd davo no g'redt.
Was aber aus dö Oar is worn,
dös woaß ma heit* no net.

Altane ~ arg ~ auch ~ besonderer ~ fehlt ~ Förster ~ Fragerei ~ Gämsen-Eier ~ genug ~ Gerede ~ gibt's ~ Herbst ~ heute ~ kaum ~ manchmal ~ Mann ~ meint ~ Mensch ~ scherzhaft ~ solche ~ spaßig ~ St. Bartholomä (am Königssee) ~ tölpelhaft ~ Trocknen ~ vermutlich

Schild mit »Peckern«

Alle paar Meter, so schimpfen Radler, soll man absteigen und – Schilder lesen. Was geht mich der *Mozart* an, fragen viele. Ich will nix als auf dem Drahtesel durch den Chiemgau trampeln. Sonne und (Rücken-) Wind sind meine Partner. Gesäusel hör ich dann im Autoradio.
Aber nicht unbedingt eins von *Mozart*. – Kulturbeflissene rümpfen über derartige Überheblichkeit die Nase. Sie radeln mit *Mozart* im Ohr, steigen bei Schildern dieser Sorte ab und lesen brav, was sie erzählen. Schließlich wurden sie aus EU-Mitteln bezahlt. Und da steckt eines jeden arbeitenden Bürgers Steuergeld drin.

Dieses Schild hat ein paar »Pecker« – so sagt man im Chiemgau zu »Defekten« – abgekriegt von bösen Buben. Oder Kulturbanausen? Der Schilderleser setzt die fehlenden Buchstaben (oft sind es Paare) zu einem – na, wenn schon, dann Kultur-, aber auch Natur-Festspiel zusammen, das als »Höhepunkt der Wandersaison« der Region Chiemgau (erstmals 2011 mit 14 Konzerten auf 12 Almen an 9 Tagen) gepriesen wird.

Kein Brüller

Eins ist klar: Man kann's keinem recht machen. Was dem einen zu »rass«, ist dem anderen zu »soft«. Was dem einen zu »süffig«, ist dem anderen zu »wässrig«. Die Rede ist vom Bier. Und vom Brauer. Wie viele gibt es eigentlich im Chiemgau? Wer hat die Brauereien je gezählt? Alle strengen sich an, ein gutes Bier zu erzeugen. Der Konsument findet dann oft doch nicht alles so gut wie der Produzent. Wie auch immer – getrunken wird eigentlich jedes Bier gern. Zu einem neuen Gerstensaft aus dem Chiemgau äußerten sich 2011 mal vier Kritiker – recht unterschiedlich:

Kritiker Nr. 1:
Es ist o. k. Kein Brüller, aber sehr süffig … Kann gut gegen den Durst getrunken werden. Zu empfehlen. Es gibt jedoch bessere …

Kritiker Nr. 2:
Kitschiges Etikett, das traditionell wirken will, aber in keiner Weise an Augustiner, Tegernseer, Andechser … herankommt … Der Kohlensäureanteil ist übrigens keinesfalls zu hoch. Eher ein ruhiges Bier.

Kritiker Nr. 3:
Der Antrunk ist kräftig, was sehr angenehm ist. Im Durchgang wird es leicht fruchtig. Schmeckt gut, aber leider zu viel CO_2.

Kritiker Nr. 4:
Das schwächste Helle, das ich bisher probiert habe. Hier wird ganz klar auf Masse statt auf Klasse gesetzt.

Gebräuname und Brauort ergeben sich, wenn man die roten und grünen Buchstaben in den vier Kritiken richtig zusammensetzt.

....

....

Um diese Biersorte handelt es sich hier nicht.

Alles auf Immling?

Gut Immling zwischen Bad Endorf und Halfing bot 2012 bereits zum 16. Mal Gelegenheit, große Oper in der Reithalle zu erleben. Bariton *Ludwig Baumann* aus Rosenheim erfüllte sich seinen Traum: die Region zum Schauplatz der Musikdramen der Welt zu machen, von der »Aida« bis zur »Zauberflöte«.

Na schau mer amal!

Turandot mordet Männer ohne Skrupel.

Das Lachen wird einem noch vergehen!

Die Abendsonne blendet.

Pausengespräch mit dem Fan.

Ist sie unschuldig oder tut sie nur so?

Die Young Singers haben es geschafft.

Was die Bauern wohl im Schild führen?

Wo kommt der Bühnenbildner wohl her?

Der Tod am Kreuz ist beschlossene Sache.

Blumen für zwei Stimmen von Opern-Weltklasse.

Kunst in Weiß und Schwarz!

Das Monster aus dem Brunnen.

Gleich geht's los!

Welche Oper stand 2009 (unter anderem) auf dem Spielplan? Wer die 7 Immling-Fotos aus den 14 Bildern dieser beiden Seiten identifiziert, ist der Lösung schon nahe. Er braucht nur noch die 5. Buchstaben der Beschriftungen der Immling-Fotos in die richtige Reihenfolge bringen. Und er hat von dieser Oper Titelheld und Titel auf einen Sitz.

Viel Verkehr(t) am Chiemsee

Womit keiner rechnet, soll jetzt gerechnet werden. Keiner rechnet mit Fehlern im Fahrplan und anderen Zeit- und Zahlenangaben.

1) Der Chiemsee-Schiffsfahrplan 2011/12 (Insel-Rundfahrten) ist genau anzuschauen. 10 Fehler sind zu entdecken.

Prien/Stock (Hafen)	ab	8.00	9.00	10.00	11.00	12.00	13.00	14.00	15.00	16.88
Hereninsel	ab	8.15	9.15	10.15	11.15	12.15	13.15	14.15	15.15	16.15
Fraueninseln	an	8.30	9.30	10.30	11.30	12.30	13.30	14.30	15.30	16.30
Gstadt	an	8.40	9.40	10.40	19.40	12.40	13.40	24.40	15.40	16.40
Stadt	ab	8.50	9.50	10.50	11.50	12.50	13.50	14.50	15.50	14.50
Fraueninsel	ab	9.00	10.00	11.00	12.00	13.00	14.00	15.00	16.00	17.00
Herreninsel	ab	9.25	10.15	11.15	12.15	13.15	14.15	15.15	16.15	17.15
Prien/Stock (Haferl)	an	9.30	10.30	11.30	12.30	13.30	14.30	15.30	16.30	17.30

2) Die Chiemsee-Bahn fährt mit Originalwägen und Dampflok aus dem Jahre 1887. Aber STOP! Das kann doch nicht sein ...! Auch in diesen Fahrplan haben sich Fehler eingeschlichen. Wie viele sind es?

Prien/Bahnhof	ab		00.10	11.10	12.10	3.10	14.10	15.10	16.10	17.10	17.50
Stock/Hafen	an		10.18	11.18	12.18	13.18	14.18	15.18	19.18	17.18	17.51
Stock/Hafen	ab	9.35	10.35	11.35	12.35	13.35	14.35	15.35	16.35	17.35	
Gstadt/Bauhof	ab	9.43	10.43	11.43	11.48	13.43	14.43	15.43	16.49	17.43	

3) Auf der Karte vom Chiemsee ist eine Anlegestelle zu viel, zwei Anlegestellen sind namentlich verwechselt, eine Ortsangabe ist falsch geschrieben und vier Angaben zur Fahrtdauer sind falsch.

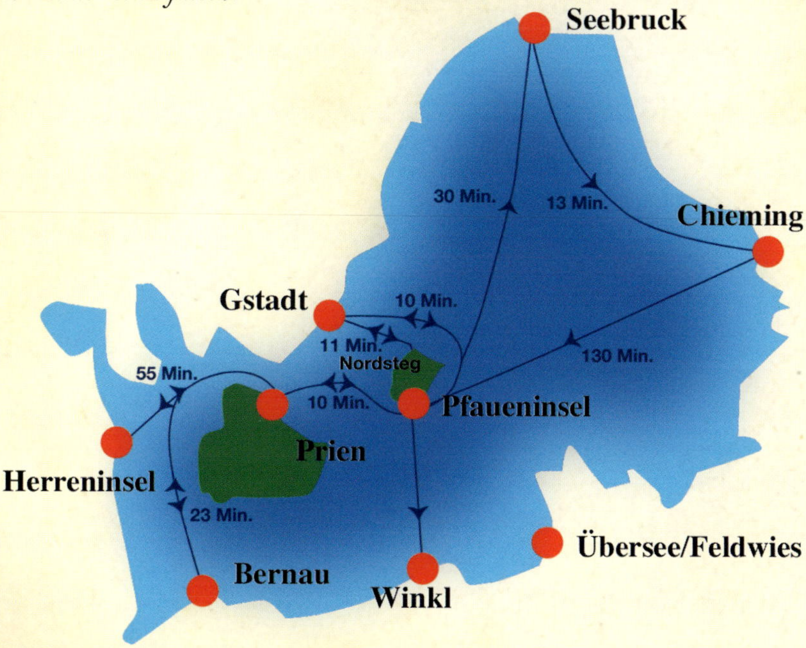

Gasthöfe gesucht

Einkehren! Wer wandert oder betet oder Ski fährt oder segelt oder joggt oder schwimmt oder radelt oder angelt oder marschiert oder Schlittschuh läuft – im Chiemgau ist dies und noch viel mehr möglich – muss, zwischendurch oder nachher, einkehren. Das bedeutet: Ausschau halten – nach einem Gasthof seines Geschmacks.

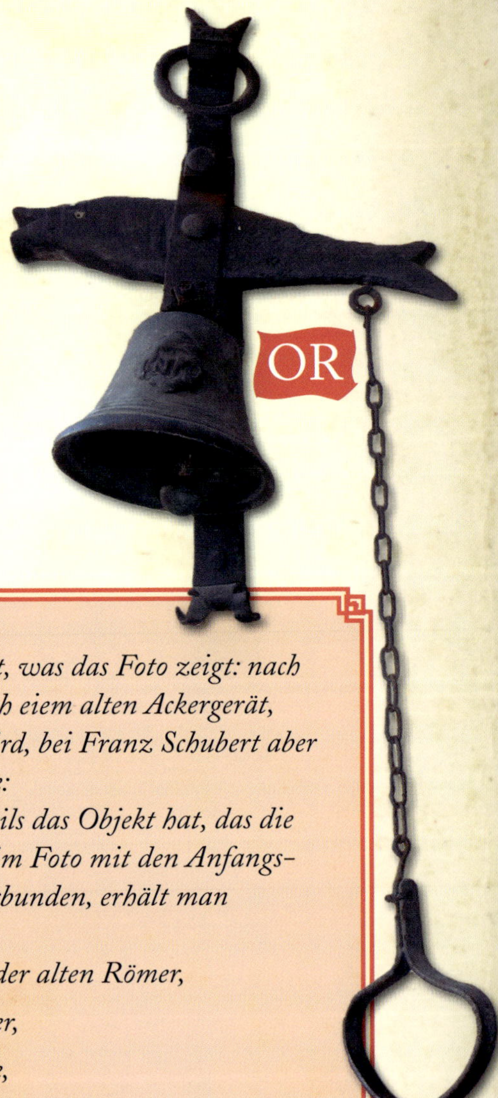

8 Gasthöfe im Chiemgau sind danach benannt, was das Foto zeigt: nach einem berühmten Tenor namens Jonas …, nach eiem alten Ackergerät, nach einem Baum (der hier gerade gestutzt wird, bei Franz Schubert aber »am Brunnen vor dem Tore« steht) usw. Frage:
Wo steht welcher Gasthof, der im Namen jeweils das Objekt hat, das die Fotos zeigen? Werden die Buchstabenpaare beim Foto mit den Anfangslettern der in Frage kommenden Ortschaft verbunden, erhält man

__________ *den Liebesgott der alten Römer,*
__________ *einen Blutsauger,*
__________ *eine Angetraute,*
__________ *ein Pumpwerk,*
__________ *den Fluss durch München,*
__________ *ein Schmuckstück,*
__________ *die Königin der Blumen,*
__________ *was jedes Sternchen gerne werden will.*

AMERANG · EGGSTÄTT · FRAUENCHIEMSEE
HERRENCHIEMSEE · ISING ·
RIMSTING · ROSENHEIM · STEPHANSKIRCHEN

EL

SE

AR

AU

RZ

AR

Schön gelegen

Schön gelegen sind sie alle – von Niederham bis Hafendorf. Chiemgau-Orte wie aus dem Bilderbuch. Jeder Ort hat seine Besonderheit: Traunreut das MAXIMUM, Rosenheim den Lokschuppen, Trostberg seinen Postsaal, Neubeuern seine Chorgemeinschaft – um nur ein paar aufzuzählen »unter besonderer Berücksichtigung der Kultur«.

Das Sudoku lösen – alle 9 möglichen Zahlenreihen sind schon verraten. Sie stehen unter den schön gelegenen Chiemgau-Orten. Welche steht unter dem Ortsnamen, der mit dem Foto zu tun hat? Wohlgemerkt: zu tun hat. Denn der abgebildete Ort ist ein (freilich nicht ganz) anderer.

		6				1		
			3		8			
8	7			6			4	3
	4		8	9	2		6	
		7				8		
	8		4	3	7		1	
3	6			4			8	5
			5		9			
		8				4		

N 4	I 5	E 2	D 3	E 1	R 8	H 6	A 7	M 9
T 7	R 1	O 4	S 5	T 8	B 9	E 3	R 2	G 6
H 2	O 9	H 7	E 1	N 5	A 6	SCH 8	A 3	U 4
B 6	A 8	D 5	E 4	R 3	P 7	OI 9	N 1	T 2
T 3	R 6	A 9	U 2	N 4	R 1	E 7	U 8	T 5
N 1	E 4	U 3	B 8	E 9	U 2	E 5	R 6	N 7
T 9	A 3	CH 6	E 7	R 2	T 4	I 1	N 5	G 8
R 5	O 2	S 8	E 6	N 7	H 3	E 4	I 9	M 1
H 8	A 7	F 1	E 9	N 6	D 5	O 2	R 4	F 3

Das Ganze, bitte!

Die Schriftstellerin und Übersetzerin *Isabella Nadolny* lebte viele Jahre in Chieming. Sie starb 2004 im Alter von 87 Jahren. Bekannt wurde u. a. ihr »Seehamer Tagebuch« (1962). Unter dem 29. Januar gibt sie ein kleines Stimmungsbild*), das auf ein Zitat hinausläuft.
Sein Ende heißt: » … die sie in uns nach sich erwecken.«

Den Anfang findet, wer die rot gedruckten Buchstaben des folgenden Textes zusammen liest.

....

xxx xxxx xxx xxxxx xxx xxx xxxxxxxxx

29. Januar

Heute stand ich am Ufer, die Berge hatten das Blau behauchter Pflaumen. Die Schwäne waren wieder da, auch der große Patriarch, der immer aus dem Wasser steigt und mich tadelnd in die Mantelknöpfe beißt, wenn ich nicht genügend Brot mitgebracht habe. In der Ferne rauschte ein Zug, der gleiche, den ich mir als Sechzehnjährige so gern als D-Zug Wien – Paris vorgestellt und dem ich all meine Lebensgier und mein Fernweh mitgegeben habe. Seit wann weiß ich, dass keine Stadt so schön sein kann, wie sie in meiner Vorstellung und Erinnerung lebt? Sind es erst Jahre oder schon Jahrzehnte? (Hinten im Adressbuch zwischen Telefonnummern, Geburtstagen und Handschuhgrößen steht das Zitat: »xxx xxxx xxx xxxxx xxx xxx xxxxxxxxx, die sie in uns nach sich erwecken.« Woher mag es stammen?)

Seebräu? Unsinn!

Zum (oder zur) SEE passt vieles, aber nicht alles. SEEBRÄU z.B. gibt es nicht, aber ein SEEPFERD-CHEN schon.

Die Wörter, die, mit S E E »geflickt«, ein Unsinnswort bilden, schreibe man, am besten der Reihe nach, untereinander. Die ersten und letzten Buchstaben dieser Unsinnswörter ergeben ein bekanntes seemännisches Eintopfgericht. Es ist allerdings nicht am, sondern an der See üblich.

S E E

.... UFER
.... MANN
.... STERN
.... ZUNGE
.... FAHRER
.... MEILE
.... BRUCK
.... LAUFWERK
.... HOTEL
.... SACK
.... SCHLACHT
.... HUND
.... SEITE
.... PFERDCHEN
.... PROMENADE
.... ROSE
.... BAD
.... JUNGFRAU
.... ALHAMBRA
.... GANG
.... TIEFE
.... MÖWE

.... TANG
.... IGEL
.... HAFEN
.... BRÄU
.... KRANKHEIT
.... GRAS
.... HAUS
.... FISCH
.... KIRCHEN
.... KARTE
.... SCHERZKEKS
.... REISE
.... ANENOME
.... TEUFEL
.... ROUTE
.... UNGEHEUER
.... NOT
.... WOLF

Hofmalers dichtender Spross

So steht's bei *Hans Heyn**): »Der promovierte Reichsarchiv-Assessor zählt in der Nachfolge *Franz von Kobells* zu den führenden Mundartdichtern seiner Zeit.« Eins seiner Bücher widmete er König *Ludwig II. Max Haushofer*, der Chiemseemaler, schrieb ihm das Vorwort zu seinen »Natur- und Lebensbildern aus den Alpen«.
Mit einem Maler hat er noch anderweitig zu tun: Er ist der Sohn eines Münchner Hofmalers mit Vornamen *Joseph*. Aber wie ist (bei)der Nachname? Das alte Foto**) zeigt ihn mit seiner Braut *Mary Bischof* 1869.

Die Buchstaben in den Kreisen sind – von oben nach unten – zusammen zu lesen. ….

....

SENKRECHT: 2. »Der Skulpturenweg am ..INGER SEE zeigt 20 ..JEKTE zeitgenössischer Bildhauer« (Chiemgau Tourismus: »Ihr Urlaub 2012«, S. 50), .. man's glaubt oder nicht **3.** Eines Kontoristen Kurznotiz auf eingegangenes Poststück **4.** Ob auch im Chiemsee welche ihr höllisches Unwesen treiben? **5.** Hört sich »söhr« adelig an **6.** @ spricht man »ät«, und wie spricht man &? **7.** Gegenteil von »Niederalm« (wenn's die überhaupt gibt) **9.** SIMS zu Ende bringen, HEIM blumig anfangen: Wassergewächs **11.** Max, »Urmel«-Vater, (Puppen-)Käthe-Sohn (geb. 1921) **13.** Der … zum Zweitboot am Chiemsee hält an **15.** Warum nur das und nicht »in das«? (Weil's kürzer ist.) **16.** Bitte ergänzen: VIERSE… OF **21.** Manch Adressenschreibers H…y, OBERBAYERN so zu stutzen **22.** Am LKW: Nachweis für entrichtete Zollabgabe.

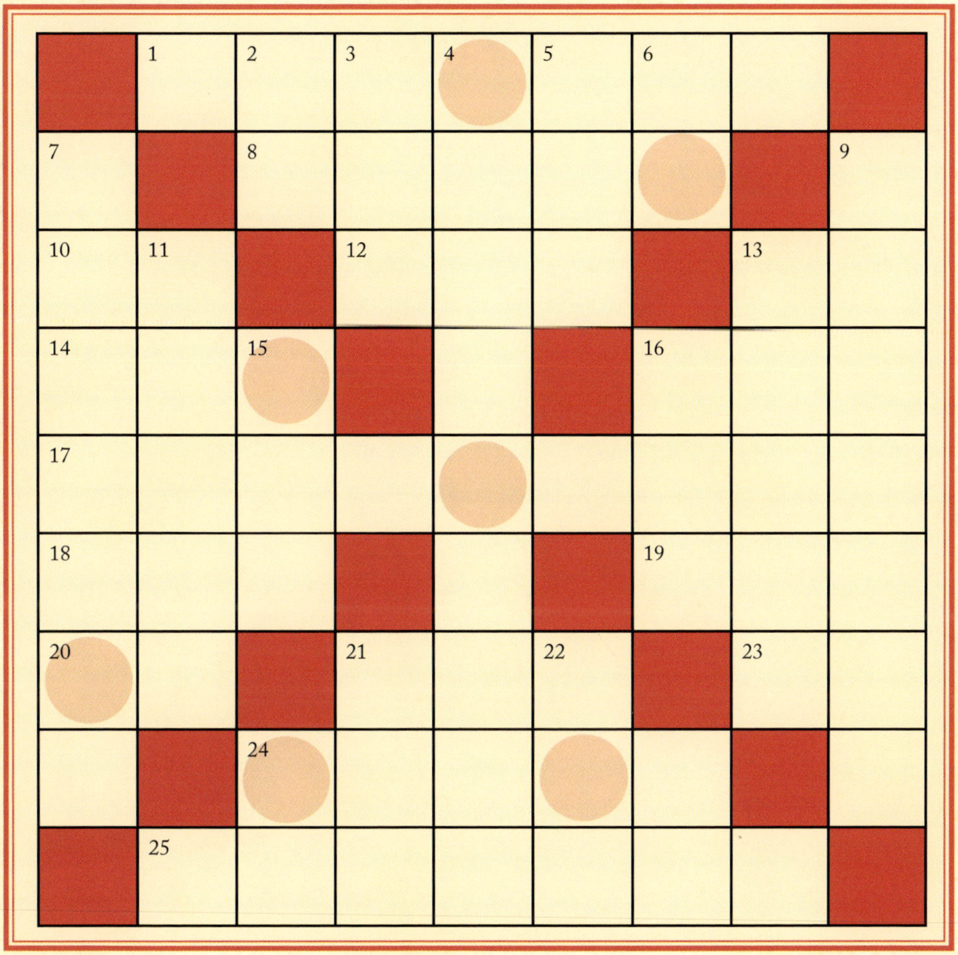

WAAGRECHT: 1. OBER davor oder UNTER – liegt dann beides im südlichen Chiemgau **8.** Liegt nah bei Gstadt, dieses BRUNN **10.** Womit der Chef des Chiemgauer Verlagshauses die Feststellung unter 8. bestätigen könnte **12.** Bayrische Aufforderung, näherzutreten: »Geh …!« **13.** Bitte ergänzen: ..NGLING **14.** In Frankreich schon immer der (letzte) »Schrei« **16.** In Irland schon immer der Einheimische **17.** Der der DM war blau, der des EURO ist grün **18.** Ein … auf den Brettln: Rosi Mittermaier **19.** Kurzer Spezialarzt im SCHNORRER **20.** Bitte ergänzen: SCH..CHING **21.** Sagt der Bayer …, meint er … bloß manchmal **23.** Womit HUNTAGE erst so richtig unerträglich werden **24.** Veit, 2003, erst 52 Jahre, in Wasserburg gestorben, malte, musizierte und schrieb Krimis, z.B. »Tom Canelloni und der Irre von Reitmehring« **25.** Das Bad mit der Schön Klinik.

KurIIl für LVIIIauben

Dass »Seebruck zu den besterforschten Römerorten Bayerns« zählt, ist *Carl Ostermayer* (1915 – 2004) zu danken. Das »Heiligtum des Bedaius«, Bedaium, später Seebruck genannt, lag an einem Fernstraßen-Stück der Via Publica. Damals schrieb man in Bayern noch römische Ziffern. Die Eckdaten des »Scherben-Kare«, wie Ostermayer volkstümlich hieß, sind demnach: MCMXV – MMIV.

Ungeachtet strenger Orthographieregeln hatten es diesem Allrounder das Filmen und das FotograIVen angetan. Von einer KlaIVspielerin, die es ihm ebenfalls angetan hätte, ist ebenso wenig bekannt wie, dass er der Reiterei oder dem Bicyclismus gefrönt hätte, um SattXIreuden zu genießen.

KLA **IV** *SPIELERIN*

SATT **II** *REUDEN*

ST **III** *CHLAG*

AB **VIII** *GUNGEN*

W **XI** *CHORLE*

MITTERN **I** *SMESSE*

RUN **IV** *SE*

TAN **I** *SEN*

DIST **XI** *INK*

Nur das erste und das letzte Wort können ohne weiteres gelesen werden, indem die Ziffern IV (bei KLA IV SPIELERIN) und XI (bei DIST XI INK) buchstäblich genommen werden.
Aber wie heißen die Wörter, in die falsche Ziffern eingebaut wurden? Bei jedem Wort bitte nur Ziffern verwenden, die hier stehen, also, sagen wir's arabisch: 1, 2, 3, 4, 8 und 11.

Chiemgau-Tratsch (I)

Getratscht wird viel. Überall. Auch im Chiemgau. Besonders über VIPs, deren es hier nicht wenige gibt. Die Regenbogenpresse ist allwöchentlich voller wichtiger Nichtigkeiten über sie. Seriöse Blätter führen sie unter der Rubrik »Panorama«. Ob jedoch alles stimmt, was verbreitet wird?

Die Entscheidung trifft der Rätsellöser. Er kreuze, bitte, das jeweils seiner Meinung nach Zutreffende an.

- Karl Valentin war nie im Chiemgau.
- Thomas Bernhard schrieb einen Bestseller über den Chiemgau.
- Max Haushofer gilt als der Entdecker des Chiemgaus.
- Julius Exter lebte als Maler im Chiemgau.

DR. HEINRICH FEIZ

Wer meint, dies sei die Visitenkarte des abgebildeten Herrn, irrt. Doch schüttle er die Buchstaben von Titel und Namen und setze sie neu zusammen. Dann weiß er, wer gemeint ist – falls er den Gesuchten nicht ohnehin bereits vom Bild her erkannte.

- Der Herr auf dem Gemälde verlobte sich mit einer Schauspielerin im Chiemgau.
- Luise Rinser wollte nur im Chiemgau sterben.
- Rosi Bauer schuf das erste Christkindl-Museum Deutschlands im Chiemgau.
- Silke Aichhorn kauft alle ihre Harfen im Chiemgau.
- Franz Xaver Kroetz wohnt auf Teneriffa und im Chiemgau.
- Josef Hofmiller durchwanderte den Chiemgau.

Verreckt versteckt

Im Chiemgau, wie auch in weiten Teilen Altbayerns, meint »verreckt« so viel wie »verzwickt«, »kompliziert«. Aber auch »gerissen«, »raffiniert« und »clever«. Passt also wie nix ins Rätselhafte.

In den Angaben der folgenden Zweizeiler, alle direkt oder indirekt aus der Chiemgau-Geographie oder -sphäre entliehen, haben sich – buchstäblich raffiniert, verzwickt und, hoffentlich, nicht allzu kompliziert – Namen und Bezeichnungen versteckt. Zum Beispiel: In ROHRDORF haben sich ROH, OHR, DOR (Milo Dor, Wiener Schriftsteller), aber auch die Abkürzung ORF versteckt.
Damit es nun doch noch kompliziert wird, lassen sich zwei Versteck-Wörter bildhaft) vertreten.*

In TROSTBERG steckte Eisenfraß,
in TITTMONING ein Mädchen saß.

Ein HOCHTALMULDEn-Stück liegt hoch,
in GRAINBACH sich 'ne Grenz' verkroch.

Am CHIEMSEEUFER: Alt-Ameise,
in KROTTENMÜHL sind Leut nicht leise.

A part of RUHPOLDING is alt,
in GSTADT die Zeit ist ruhig halt.

In EISENÄRZT ein Flüsschen fließt,
im AB***ROT ein Kurz-Schluss ist.

Aus ALBERTAICH dringt Mädchen-Duft ,
im REISCHELHOLZ Guevara ruft.

In NIEDERFELS ein Meister thront,
im SEEGATTERL ein Ehmann wohnt.

In PIERLING: ein Passionsspielort,
in SACHRANG seufzt ein kurzes Wort.

Am GEIGELSTEIN sitzt 's Stacheltier,
die WEIHERALM zeigt Zeus-Frau dir.

Aus HAMMER eine Ziehfrau grüßt,
ins D****EST sank ein Komponist.

Brauchtum lebt

Zum heute noch gepflegten religiösen Brauchtum im Chiemgau gehört – aber das soll hier erraten werden, was auch nicht schwierig ist. In einer Dezember-Ausgabe 2011 des »Traunsteiner Tagblatts« wird über einen »schönen alten Brauch« berichtet, der in Schleching seit alters den Heiligen Abend einläutet.

Die fehlenden Buchstaben des folgenden Berichts sind zu dem Brauch zusammenzusetzen. Wird das im letzten Satz ausgelassene ganze Wort mit Mette zusammengesetzt, ergibt sich eine Gottesdienst-Art, die in Schleching Tradition hat.

....

Der schöne Brauch …
am Mittag des Heilgen Abends läutete nach der vorweihnachtlichen Hektik ein besinnliches Weihnachtsfest ein.

Auf em Schlechinger Dorfplatz wateten wieder viele Kinder mit ihren Eltern und auch Urlaubsgäste. Znächst übten Chiara Schiefer und Anna Schilder, Schülerinnen der Cantia-Chor- ud Intrumental-Schule Schleching, auf der Querflöte mit Begleiung ihrer Musiklehrerin Maria Blank auf der Gitarre Weihnachtslieder ein, die sie dem Christkind vortragen wollten.

Schließlich gab Altbürgermeiter Fritz Irlacher das Zeichen zum Aufbruch … Diesmal führte der Weg nach Mülau, wo, versteckt in einer großen Felsnische, dem sogenannten Eiseler, das Helige Paar mit dem Jesuskind einen trokenen Untersclupf gefunden hatte.

Fackeln und wärmendes Feuer umgaben die Heilige Famili, die heuer Jörg und Barbara Lubenow mit dem erst sieben Wochen alten Simon Felix darstellten. Viele goldene Nüsse brachten die als Geschenk mit und sangen mit musikalischer Begleitung die eingeübte Weihnachtslieder …

Chiemg(en)au

Vieles wird mit dem Chiemgau verbunden – ein Klangkörper und ein Kundenblatt, ein Verband und ein Verlag, eine Bühne und eine Badeanstalt …
Wer aber weiß schon immer ganz genau, wie es richtig ist: Chiemgau-Online oder Chiemgau online oder Chiemgauer OnLine oder Onlinechiemgau?

Nur einer von zwei nebeneinander stehenden (in der Tat: »stehenden«, d. h. festen) Begriffen ist quasi jeweils amtlich – mit einer Ausnahme: Da sind beide gültig. – Die Buchstaben vor den Begriffen, die okay sind, bitte der Reihe nach lesen. Was steht da? Eine Kostbarkeit, die die Benediktinerinnen von Frauenwörth ihr Eigen nennen. Und gerne herzeigen, wenn's zum Herzeigen ist.

……………………………………………

C	**Chiemgau Online**	**K**	**Chiemgauer Online**
H	**Chiemgauer Alpen**	**U**	**Chiemgaualpen**
P	**Chiemgau-Verlag**	**R**	**Chiemgauer Verlagshaus**
A	**Chiemgauer Tourismus.de**	**I**	**chiemgau-tourismus.de**
S	**Chiemgauhof**	**T**	**Chiemgauer Hof**
O	**Chiemgauer Zeitung**	**K**	**Chiemgau-Zeitung**
I	**Chiemgau Thermen**	**Z**	**Chiemgauer Thermen**
N	**Chiemgauer Volkstheater**	**Y**	**ChiemgauervolksTheater**
D	**Chiemgau-Orchester**	**F**	**Chiemgauer Orchester**
L	**Chiemgauer Holzhaus**	**B**	**Chiemgau-Holzhaus**

Würstl braten, Reiher tratzen

Es gibt ja Urlauber, die setzen die Chiemgauer Seen mit »Freiheit total« gleich. Feuer machen im trockenen August, die Reiher mit dem Luftgewehr tratzen, Stege benützen, auch wenn ausdrücklich »Privat« dransteht.

Jeder der rechts abgebildeten Chiemgauer Seen hat einen Buchstaben. Er ist immer dann zu notieren, wenn das, was dabeisteht, erlaubt ist.

- ◯ Am Ufer vom Thaler See Würstl braten
- ◯ Den Pelhamer See mit einer venezianischen Gondel kreuzen
- ◯ Trotz Sturmwarnung auf den Großen Kesselsee hinausrudern
- ◯ Den Hofsee zu jeder Jahreszeit zu Fuß über- bzw. durchqueren
- ◯ Mitten im Laubensee eine Laube aufstellen
- ◯ Die Reiher am Einbessee mit dem Luftgewehr tratzen
- ◯ Schmutzige Kinder hinterrücks in den Blassee schubsen
- ◯ Selbst gefertigte Aquarelle vom Hartsee an Verwandte verschenken
- ◯ Für den Langbürgner See gilt: absolut lärmfreie Zone
- ◯ Am Eschenauer See zu einem Geburtstag eine Blaskapelle spielen lassen
- ◯ In den Liensee schmale Holzstege legen, die dann vermietet werden
- ◯ Auf dem Schlosssee eigenmächtig die Tradition der Fronleichnamsprozession wieder aufleben lassen
- ◯ In den Kautsee Abwässer leiten, falls erforderlich auch ohne staatliche Genehmigung

Wer die richtigen Buchstaben in den Kreis eintragen konnte, liest, was er sich beim Anwalt, Arzt oder Seelsorger holt. Hoffentlich kriegt er auch immer einen guten.

....

P Laubensee
T Eschenauer See
E Pelhamer See
E Liensee
A Hartsee
E Blassee
T Hofsee
G Kautsee
T Einbessee
T Schlosssee
L Großer Kesselsee
R Thaler See
E Langbürgner See

Den kenn ich doch …!

Lauter überregional berühmte Männer, die im Chiemgau wirk(t)en durch ihr Schreiben, Musizieren, Malen, Komponieren, Forschen, aber auch durch ihre Beiträge zum wirtschaftlichen Wachstum der Region – mit europäischer Ausstrahlung.

Wer kennt sie alle? Werden die Buchstaben bei den Fotos den Namen richtig zugeordnet, ergeben sich Vor- und Nachname eines 1953 in Penzing gestorbenen Wilhelm-Busch-Biographen.

……………………………………………………………

T

E

E

C

H

R

S

P

E

R

Walter Brugger | Theodor von Cramer-Klett
Max Haushofer | Nikolaus von Leuchtenberg | Gerd Krauss
Wolfgang Amadeus Mozart | Norbert Niemann
Razvan Popovici | Ladislaus Toerring zu Stein | Josef Wopfner

Gehört oder gelesen (II)

Schon mal gehört oder gelesen? Gewiss! Alles Folgende spielt eine – mehr oder weniger – wichtige Rolle im Chiemgau.

Für jede Dreiergruppe kommt ein den Bestimmungswörtern gemeinsames Grundwort in Frage.

VACHEN_ _ _ _	MARQUART_ _ _ _ _	GRIES _ _ _ _ _
EN_ _ _ _	TRAUN _ _ _ _ _	ERL_ _ _ _ _
SIEGS_ _ _ _	WETZ _ _ _ _ _	EGG _ _ _ _ _
CHIEM_ _ _	SCHATZ _ _ _ _ _	BENEDIKT_ _ _
HART_ _ _	KRAUT _ _ _ _ _	UFER_ _ _
GRIES _ _ _	HERREN _ _ _ _ _	MOZART _ _ _

Die gesuchten Wörter stehen alle – waagrecht oder senkrecht – im Buchstabengitter. Die übrig bleibenden Buchstaben ergeben, Zeile für Zeile gelesen, eine landschaftliche Besonderheit des Chiemgaus. Zwei davon sind Lachsgang und Schönegart in der Gemeinde Übersee.

W	I	E	S	E	N	B	R
Ü	I	N	S	E	L	T	E
D	R	S	T	A	E	T	T
O	S	S	E	E	C	H	U
R	T	Z	I	G	E	B	I
F	E	T	N	E	W	E	G

Wie ein bayrisches »Blattl«

Bridge, Skat, Rommé oder Canasta – solche Kartenspiele werden von den Urlaubern in den Chiemgau getragen. Die Einheimischen hier geben sich dem Schafkopf hin, dem »Wattn« oder dem Tarock.

Wie ein bayrisches »Blattl« heißt eine Chiemgauer Ortschaft, die unter anderem wegen ihres weit über die Region hinaus bekannten Instrumentalensembles immer wieder von sich reden macht. Ihr Name ergibt sich, wenn das, was die beiden Bilder zeigen, zusammen gelesen wird.

Wer will, kann sich ähnlich Chiemgau-Orte bildlich »verrätseln«, zum Beispiel

BAUM-BURG
MAUER-KIRCHEN
NUSS-DORF

Braucht es für die Oberen jeweils zwei Bilder,
tut es unten eins allein:

STEIN (a. d. Traun) und
HAMMER

So nett, doch kein Sonett

Ein rarer Chiemgau-Verehrer wurde für die Zeitschrift »Literatur in Bayern« (Nr. 77/2004) wiederentdeckt: *Valerian Tornius* (1883 – 1970), dichtender Germanist aus Leipzig. Er schrieb Sonette auf seine »Liebe, den Chiemsee«.

Sonette sind die folgenden kleinen Gedichte nicht, aber als »so nett« befand sie ihre erste Leserin. Ihr wurden allerdings keine Begriffe vorenthalten – anders als dem Rätselrater.
Er muss die XXX mit Wörtern aus der Liste bestücken.
Dort stehen jedoch 3 Wörter zu viel. Sie bilden den Titel eines der Tornius'schen »Chiemsee Sonette«, publiziert in einer kriegsbedingt billigen Auswahl zu dessen 60. Geburtstag am 22. März 1943.

1) Bei XXX liegt der Pfeffersee.
Der ist so seicht, da kannst drin steh'!

2) In XXX warn schon Kelten,
die taten damals dort – was? Zelten.

3) Dem Mozart XXX so gefiel,
dass er dort, ach, dem Orgelspiel verfiel.

4) Breitbrunn gibt's auch am Ammersee,
doch das am XXX is fei' schee!

5) Ein großes Tier Siegsdorf nicht langte,
drum es ein XXX gleich verlangte.

Zuhörende beim »Chiemgauer Musikfrühling«, Seeon, Festsaal 2011, Kunstwerk W. Angerers d. J.: W. A. Mozart.

6) Auf die XXX steigst nicht 'nauf,
da drachenfliegst, wenns d' es derschnaufst!

7) In Grabenstätt wenns d' graben tätst,
auf einen XXX du trätst.

8) Auf Wonneberg,
da reimt sich Zwerg.
Was aber denkste?
Sein XXX ist der längste.

9) Trittst, Schwimmer, du mal in die XXX,
steht's Wasser dir gleich bis zum Hals.

Wörter-Liste:

Alz ~ auf ~ Chiemsee ~ Hochplatte ~ Meteor ~ Herrenchiemsee ~ Seeon ~ Sommertag ~ Maibaum ~ Stöffling ~ Mammut ~ Chieming

Anstatt »Das Maximum« (ein Muss für jeden Kunstinteressierten) in Traunreut zu besuchen steigt Fritz lieber auf welchen Berg?

Aus dem Tal auf die Höh'

Drei Ortschaften im Chiemgau. Alle sind eigentlich zu schön, um auszufliegen. Doch den Bergsteiger zieht es aus dem Tal auf die Höh'.

Wohin machen sich Jockl, Fritz und Hiasl auf? Ganz einfach: Den senkrechten Pfeilen folgend, sind die 6 bzw. 7 Wörter der angegebenen Bedeutung (jedes hat 3 Buchstaben) einzutragen. Deren Endbuchstaben sind ein Teil des Berges bzw. der hoch gelegenen Rastplätze. Um deren Namen ganz zu kriegen, müssen jeweils 5 Buchstaben ergänzt werden.

Bitte beachten: CH, PH und TH werden als ein Buchstabe aufgefasst.

1 Hörorgan, 2 nimmer, 3 Kirchenkomponist, 4 Segelkommando, 5 Elend, 6 Nordeuropäer

Jockl

	1	2		3	4			5	6		
S	O	N	D	E	R	M	O	N	I	N	G

?☞

1 Fußballtreffer, 2 Leichtmetall, 3 hinter, 4 Istrien-Insel, 5 Lebensbund, 6 Zeitmesser, 7 Wochenteil

Fritz

1		2		3	4	5	6	7
T	R	A	U	N	R	E	U	T

?☞

1 Fürwort, 2 Papagei, 3 … und Gut, 4 Ausruf, 5 Mädchenname, 6 Wellnessbad, 7 Passionsspielort

Hiasl

1			2			3	4	5	6	7	
U	M	R	A	TH	S	H	A	U	S	E	N

?☞

Verhunzte Orte

Wie kann man denn …! Schönheiten zerstört man nicht. Nicht wirklich. Höchstens »buchstäblich«. Dann kann ja das Verhunzte wieder korrigiert werden, und die ganze Sache ist nicht so schlimm.
Einen Ort namens TRUCHTLAPPING, so ulkig er sich anhört, gibt es im Chiemgau nicht. Wohl aber – na, der Ort an der Alz ist bekannt genug. PP muss ja nur durch CH ersetzt werden.

So ist man schon mittendrin im Lösungsprozess dieses Rätsels.
Jedem falschen Letternpaar ist das Ersatz-Letternpaar zugeordnet.
Nur das für IN fehlt. Wie heißt es?

TRUCHTLAPPING	HÖGLWÖRST
BREITBRUMM	SCHNAITWIE
WANDENWART	GRUSENSTÄTT
RABENDUR	FLUSDORF
TREINSTEIN	PAVINDING

WI	*AN*	*PP*	*EI*	*UR*	*MM*	*ST*	*IN*	*LU*	*US*
SE	*IL*	*CH*	*AU*	*EN*	*NN*	*TH*	*?*	*RA*	*AB*

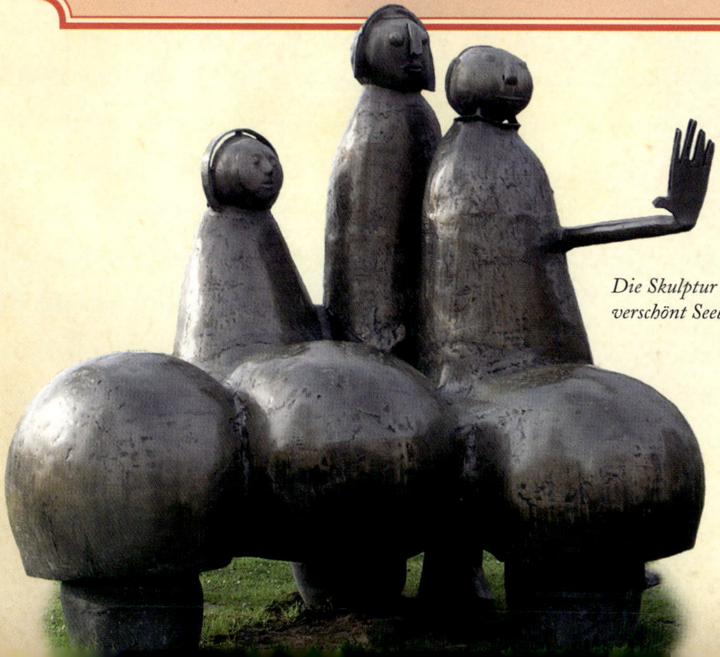

Die Skulptur von Heinrich Kirchner verschönt Seebruck.

Weihnachten im Chiemgau?

Weihnachten im Chiemgau – auch nicht mehr zwangsläufig verschneit, oft nur überzuckert. Nach dem Rummel der Christkindlmärkte – sogar die Fraueninsel hat jetzt einen, worüber nicht alle Chiemgau-Fans glücklich sind – gibt es in Kirchen und Klöstern genug Gelegenheit, die »stade Zeit« zu spüren.
Zu den schönsten Möglichkeiten, ins Zentrum des weihnachtlichen Geschehens zu gelangen, zählt ein Besuch der Barockkrippe des Münsters auf der Fraueninsel.

Von den 15 Abbildungen haben nur 3 unmittelbar mit Chiemgau-Weihnachten zu tun.
Die drei richtigen Silben ergeben einen Chiemgauer Flurnamen aus dem Gebiet nordwestlich von Eggstätt.

....

PFAN

GOR

KÜN

REI

LEIT

HOLZ

BUCH

NUSS

KORN

Landkai? Unsinn!

Zum LAND passt vieles, aber nicht alles, egal, was mit LAND gemeint ist: Erdboden, Grund, Grundstück, Grundbesitz; das von Grenzen umgebene Gebiet – das einem Menschen Heimat, einem anderen Fremde, dem dritten »das Gelobte« ist. Kommt im Chiemgau einer »vom Land«, erwartet keiner einen Krawattenträger, schon eher einen mit Lederhose (aber da ist, seit Edmund Stoibers Landesvater-Zeit, der Laptop nicht weit).

Die Wörter, die, mit L A N D »geflickt«, ein Unsinnswort bilden, schreibt man, am besten der Reihe nach, untereinander. Die ersten und letzten Buchstaben dieser Unsinnswörter ergeben die recht treffliche Bezeichnung eines unerforschten Stückchen Landes im Chiemgau.

....

Land KAI
FRAUENBEWEGUNG
BUTTER
KLIMA
FUNK
KREIS
LEBEN
RATTE
MANN
TAG
BESITZ
RAT

Land SCHILDKRÖTE
MASCHINE
JÄGER
WIRTSCHAFT
ROGGEN
POMERANZE
LIEBE
GASTHOF
PLAGE
WEHR
GUT
STRASSE
ENGE
FRIEDEN
EI
HAUS
JUGEND
ARZT
KARTE
PARTIE
ADERLASS
UNRUHE
SCHULHEIM
ZUNGE
ARBEITER
TROTTEL

Guter Kontakt

Hier geht es um Eigenschaften. Werden sie in »guten« Kontakt zu Hauptsachen gebracht, entstehen Namen für Orte, Berge und einen See. Alle im Chiemgau. Der zeigt sich von SCHÖNen und SCHLECHTen Seiten, ist GROSS und SPITZ – na so was!

Eigenschaften

WEIT
HOCH
KLEIN
BREIT
HART
ROT
SCHÖN
SCHLECHT
GROSS
SPITZ
NEU

Hauptsachen

BRUNN
WANDKOPF
PLATTE
RAM
KIRCHEN
STEIN
WETTER
BERGHAM
SEE
HOLZEN
MOOS

Bei richtiger »Kontaktnahme« bleibt ein Begriff übrig. Der steht für eine Sache, die keiner im Chiemgau gern hat – weder der Biergartenbetreiber noch der Urlaubsgast.

....

Natürlich gewachsen

»Ihr Urlaub 2012« – diesen Titel trägt eine reich bebilderte Werbebroschüre, die einige Ortschaften des Chiemgaus vorstellt.

Welcher Ort des äußersten nördlichen Chiemgaus ist hier angesprochen? Die Ziffern sind durch Buchstaben zu ersetzen. Die Überschrift ist bei der Lösung behilflich. Und damit der Start leichtfällt:

V	*O*	*R*	*A*	*L*	*P*	*E*	*N*	*L*	*A*	*N*	*D*
4	*9*	*10*	*6*	*23*	*22*	*8*	*2*	*23*	*6*	*2*	*3*

3 8 10 6 23 11 8 , 2 6 11 29 10 23 14 16 18

21 8 19 6 16 18 26 8 2 8 9 10 11 _ _ _ _ _ _ _ _ _ _ _

23 14 8 21 11 14 25 2 28 10 3 23 14 16 18 8 2

16 18 14 8 25 21 6 24 14 2 8 10 18 28 18 11 8 10

23 6 21 8 14 2 25 14 11 11 8 2 18 8 10 10 23 14 16 18 8 10

2 6 11 24 10 , 24 25 21 8 15 8 2 4 9 2 1 23 8 14 2 8 2

21 8 18 28 7 11 8 2 24 2 3 4 14 8 23 8 2 19 6 23 3 -

24 2 3 19 14 8 26 8 2 7 23 27 16 18 8 2 .

Hier noch drei Tipps:

- *Der Ort ist die nördlichste Gemeinde des Landkreises Traunstein.*
- *Er liegt mit 518 m ü. d. M. relativ hoch und ist weithin sichtbar.*
- *Die Andreaskirche (siehe Foto) gilt als früheste Hallenkirche im Chiemgau.*

’s Hüatamadl

Landler, Zwiefacher, Polka, Walzer sowieso – aber da war noch ein Bauerntanz, der vor 100 Jahren zu den bekanntesten im Chiemgau gehörte: »’s Hüatamadl«*):

Koa Hüatamadl mog i net,
Des hat koa dicke Wadl net,
I mag, i mag,
I mag a Deandl aus der Stadt,
Des wo recht dicke Wadl hat.

In 11 Kleinigkeiten unterscheiden sich die beiden Zeichnungen von M. Biebl (1926), der Franziska Hagers Chiemgau-Heimatbuch so treffliche Szenen beifügte wie diese.

Eine solche, die ist lustig

Wie kommt man am schnellsten durch den Chiemgau? Fangfrage. Weder per Düsenflieger noch per Gleitflügel, auch nicht per Harley Davidson, sondern mit dem Finger auf der Landkarte. Hat nur den Nachteil, keine der Schönheiten des Chiemgaus anschauen zu können. Da setzt man sich am besten auf einen Sattel oder auf einen Sitz. Nicht auf den eigenen …

Die Buchstaben in den Kästchen mit Kreis von oben nach unten fortlaufend lesen – und es (pardon: sie) kann losgehen. Zum Beispiel den ganzen Mozartweg entlang. Oder von Prien nach Salzburg, um sich dort in die Schlange derer einzureihen, die an Mozart als Baby interessiert sind (Foto).

WAAGRECHT: 6. Helmuth (geb. 1927), »Chiemgauer Alpen«-Spezialist, **9.** Hält nur im tiefsten Winter den Chiemsee-Überquerer, **10.** Bitte ergänzen: …GSDORF, **11.** Kurze Nachschrift in der INSEL, **14.** Sagt Italiener, nickt er nicht einfach nur, **15.** Meister Mirlach aus Palling zieht ihn noch aus dem Holzofen (Bitte: »AI« in ein Kästchen!), **16.** Bitte ergänzen: ..LKENSTEIN, **17.** Kommt Henne wie Hausfrau »gelegen«, **19.** Top-Vokabel des Egoisten, **22.** Flur-Ausläufer des HOCHGERN, **23.** Ein Neuer war Josef aus Rosenheim (vgl. Seite 34, »Ratzingers Familiensitz«, 22. waagrecht!).

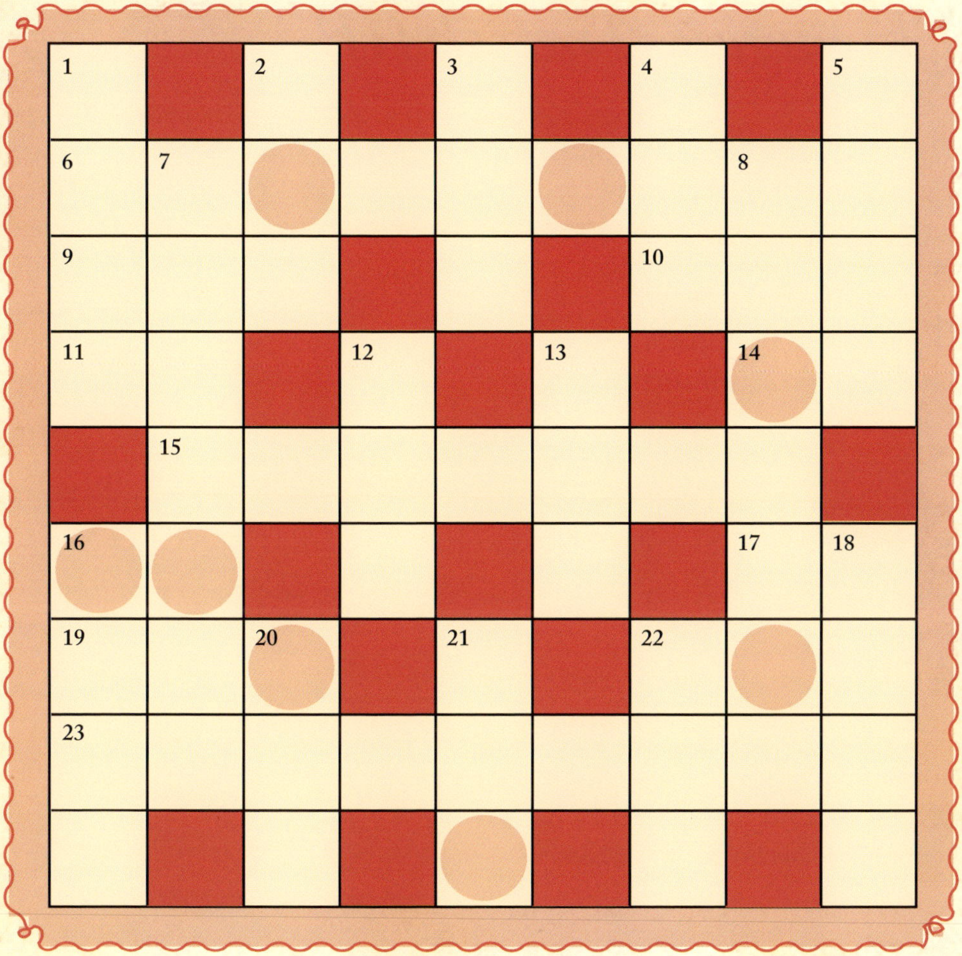

SENKRECHT: 1. Im BAUZENTRUM Gaudi machen, **2.** Kurzes Abitur in Oberbayern, **3.** Zahlungsweise im gleichnamigen Lokal, **4.** Sportgröße mitten in GRASSAU, **5.** Mehr sind's nicht im Trio, **7.** Fließwässerchen (durch den Englischen Garten), **8.** Erhebung, zeigt nur seine Spitze, die aus dem kalten Wasser ragt, **12.** Doppelter Gutschein in der BONBONNIERE, **13.** Bitte ergänzen: F…BOOT, **16.** Egal ob Hund oder Weißbier, **18.** Spanierin, die CHINESEN im Herzen tragen, **20.** Tot auf Bairisch, **21.** Nicht alle ROTTAUER sind SPD-ler, **22.** Die Morgenröte, die allen Griechen (wieder) strahlen möge.

Chiemgau-Tratsch (II)

Der bekanntesten Ratschkathl Altbayerns wurde 1977 am Münchner Viktualienmarkt ein Denkmal gesetzt: *Ida Schumacher*. Die 1894 geborene Niederbayerin riss mit ihrem Couplet von der »Trambahnritznreinigungsdame« und anderen unvergesslichen Stückln das Publikum von den Stühlen. So wie die von ihr besungenen Typen nicht ganz der Wirklichkeit entsprachen, ist manches von dem, was man sich, auch heute noch, im Chiemgau erzählt, ein – gut erfundenes – Lügenmärchen.

Was hier richtig ist und falsch, entscheidet der Rätsellöser. Er kreuze bitte das jeweils seiner Meinung nach Zutreffende an.

- Im Schloss Herrenchiemsee fand im Jahre 2000 ein Millenniumsmarkt statt.
- Der Radweg von Seebruck zum Kloster Seeon ist ca. 16 Kilometer lang.
- Traunsteiner Künstler zeigt sich hier mit seiner Büste von König Ludwig I.

- *Wilhelm Hausenstein* publizierte unter dem Pseudonym *Johann Armbruster.*
- »Salzburg die Schöne« – so ist bei *Franziska Hager* zu lesen.
- Chiemseefischer benützten früher Einbäume und »Renner« bei ihren Fangzügen.
- 170 Gedichte widmete *Johann Haindl* 1930 allein dem Falkenstein.
- Seebruck hieß zur Zeit der römischen Besatzung Bedaium.
- In der Hirschauer Bucht ist im Spätsommer der Teufelsabbiss zu sehen.
- Reit im Winkl hat 1828 die erste bürgerliche Buchhandlung erhalten.

Wer meint, dies sei die Visitenkarte des abgebildeten Herrn, irrt. Doch schüttle er die Buchstaben von Vor- und Zunamen und setze sie neu zusammen. Dann weiß er, welcher Traunsteiner hier zu sehen ist.

O. R.W. Flannermass

Stadt, Alm, Fluss

Wohin im Chiemgau? Ob in luftige Bergeshöh' oder an kühlende Strände, zum Paddeln in der Alz oder zum Shoppen in die »Metropole« Traunstein, ins MAXIMUM nach Traunreut oder zum Kaiserschmarrn auf die Bründlingalm – der Gast, sei er Kunstfreund, Sportler oder auch nur Erholungsuchender, darf wählerisch sein.

Flüsse Traun · Rhein · Achen · Inn

Städte Wasserburg · Hemhof · Rosenheim · Traunstein

Almen Chiemhauser · Laferer · Bründling · Wuhrstein

Seen Sims · Mangfall · Eschenauer · Langbürgner

Berge Hochplatte · Predigtstuhl · Breitenstein · Eigelwald

Dörfer Wildenwart · Matzing · Tittmoning · Vachendorf

Aus jeder der 6 Gruppen muss »einer raus«. Er stört die Ordnung. Die »Störenfriede« ins hierfür vorgesehene Gitter Buchstabe für Buchstabe waagrecht eingetragen – so ist senkrecht, dem Pfeil folgend, ein ausgewähltes Ausflugsziel im Chiemgau zu lesen.

Nah oder fern

Von Gollenshausen nach Gstadt ist es, wenn man so will, nur ein Katzensprung – im Gegensatz zu der Entfernung von Gollenshausen nach, sagen wir: Inzell. Hier geht's nicht um Kilometer Luft- oder Landlinie, sondern nur um die Frage, ob überhaupt nah oder fern.

Zwei von jeweils vier Ortschaften liegen näher beieinander. Ihre Anfangsbuchstaben nennen, paarweise genommen, aber auch richtig zusammengefügt, einen früher unter Chiemgauer Buben üblichen Wettkampf. Die Tiroler haben ihn, wie ein Heimathistoriker vorgibt zu wissen, von den Bayern übernommen.

....

Amerang	Feldwies	Emertsham
Halfing	Ising	Grabenstätt
Schleching	Rosenheim	Kienberg
Traunreut	Wasserburg	Ruhpolding

Freutsmoos	Eggstätt	Grainbach
Lauter	Felden	Pertenstein
Neukirchen	Roitham	Neubeuern
Sachang	Waging	Wildenwart

Gleich und doch anders

Blatt ist Blätter, Feder sind Federn, Bogen ist Bögen. Doof?
Also: Ein Blatt ist ein Baumblatt und ein Heftblatt. Eine Feder ist ein Schreibgerät wie ein mechanisches Teil. Und was mit dem Bogen ist, kann man sich denken.

Hahn ist Hähne. In diesem (Foto-)Fall sind zwei davon gleich und einer, der frecherweise draufsitzt, ein ganz anderer. Teekessel-Spiele machen schon Kinder. Und weil dieses Buch in erster Linie für Erwachsene ist, geht es, was das Rätselraten betrifft, um die Frage: Wo und wie oft steckt der Hahn in diesem Text?

Wer ihn sah, den alten Chiemsee-Stich, ahnte nicht, dass er so viel wert war, wie August Hahn, der nette kleine Antiquar aus Prien, ihn eingeschätzt hatte. Was die Zeichen H.A.H.N. bedeuteten, wusste auch August Hahn nicht. König Hussein von Jordanien und der persische Schah – nein, dessen älteste Großtante Sarah, Ahnin der Urgroßtante Hah Nu Medum – wollten den alten Stich, ahnend, dass dieser bei seiner Wiederveräußerung, etwa in Paris, mindestens das Doppelte einbrächte, unbedingt haben. Doch der Antiquar August Hahn aus Prien behielt ihn. Er erinnerte sich, schon einmal etwas von einem Stecher namens Thahnold Schahnjo gelesen zu haben, der Stiche vom Chiemsee und aus der Umgebung massenweise hergestellt haben soll.

Wer war's? (I)

1942 in München geboren, im Chiemgau aufgewachsen, einer der Bekanntesten und Gesuchtesten seines Metiers. So viel nur zu dem Mann, der hier nun auch ein Gesuchter ist.

Möglicherweise verrät er sich schon durch das, was er einem deutschen Zeitungs-Magazin Ende 2011 im Rahmen der Serie »Ich habe einen Traum« von sich erzählt hat:
» … Meine Begeisterung für Musik wurde in jungen Jahren schwer beschädigt. Schuld daran war die Schule, genauer gesagt ein Zwischenfall, den ich lange als Albtraum empfand. Damals wollte ein Lehrer mich zwingen, vor der gesamten Klasse zu singen. … Es ging nach dem Alphabet, jeder Schüler hatte vorzusingen. Als die Reihe an mir war, weigerte ich mich. Ich wollte einfach nicht. Also wurde der Direktor gerufen und die ganze Klasse in Geiselhaft genommen, weil der Direktor sagte, die Schüler könnten erst in die Pause, wenn ich gesungen hätte. Ich verweigerte mich eine knappe Stunde, erst dann gab ich nach.*
Ich sang und schwor mir, nie wieder zu singen …«
*Erst viel, viel später war der Gesuchte, wie er sagte, an Musik wieder interessiert. Er habe das vermutlich seinen Filmen zu verdanken. In denen habe er die Musik »immer sehr bewusst eingesetzt. »… In den achtziger Jahren begann ich sogar, erfolgreich Opern** zu inszenieren. Das war ein Traum für mich, weil ich klassische Musik inzwischen lieben gelernt hatte …«*
Ob die Fotos (auf die Sternchen im Text verweisen) und die folgenden 3 Tipps ausreichen, den Namen zu erraten?

Tipp 1: 2011 erhielt er einen Preis für einen Dokumentarfilm.
Tipp 2: Er lebte einmal einige Zeit mit dem exzentrischen Schauspieler *Klaus Kinski* zusammen.
Tipp 3: Der 2. Buchstabe sowohl seines Vor- als auch seines Nachnamens ist gleich.

Wer war's? (II)

1923 in München geboren, führte ihn sein Weg über Augsburg, Aachen, Wiesbaden, Köln, Wien, Hamburg und Genf mit knapp 50 Jahren wieder in seine Heimatstadt zurück. Noch heute wohnt der Gesuchte, der längst aus dem aktiven Berufsleben ausgeschieden ist, im Chiemgau.

*»Ich bin sicher, dass sich Entzugserscheinungen einstellen würden, wenn ich längere Zeit nicht mehr Klavier spielte. Ob in der Oper**, ob hier in München, ob zu Hause in Grassau – ich kann nicht einfach dasitzen und vor mich hindösen, ohne magisch vom Klavier angezogen zu werden und ein paar Minuten zu spielen.*
Auch in den Opernpausen setze ich mich manchmal ans Klavier und spiele etwas, was mit der Oper des jeweiligen Abends nichts zu tun hat, bei einer Wagner-Oper vielleicht einen Strauss, bei einem Strauss einen Pfitzner, um gedanklich einmal auszusteigen, um im wahrsten Sinne des Wortes Pause zu machen.
Wenn ich dirigiere, komme ich häufig erst kurz vor Mitternacht nach Hause. Dann kann ich mich mit den Dingen beschäftigen, die ich als Vorbereitung für den nächsten Tag benötige, kann Akten für Besprechungen durcharbeiten, mich über neue Tarifbestimmungen informieren und anderes mehr. Ich ziehe mich in mein Zimmer zurück …«
Ein Dirigent, der sich über neue Tarifbestimmungen und dergleichen mehr informieren muss? Der Gesuchte hatte eine Position im Musikleben des ausgehenden 20. Jahrhunderts, die ihn dazu zwang, sich auch mit derlei Problemen herumzuschlagen. Kein Wunder also, dass er sich Pausen gönnen musste.

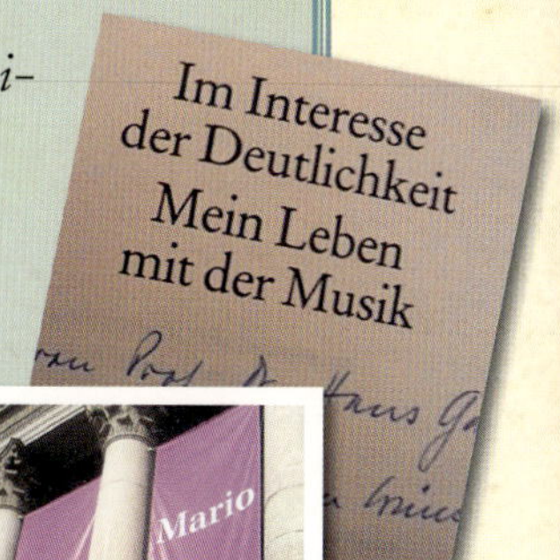

Tipp 1: *J. S. Bachs* »h-Moll-Messe« war, nach eigener Aussage, für ihn die »größte Herausforderung«.

Tipp 2: Er war kein »Startheater«-Anhänger wie sein damals ebenfalls im Chiemgau lebender »General«.

Tipp 3: Hatte den Spitznamen »Salla«.

Wer war's? (III)

Im »Rasthaus am Chiemsee«, das als Lazarett diente, war sie im August 1944 (gerade 40 Jahre alt) im Hilfsdienst-Einsatz. Seither lebte sie, bis zuletzt, in Breitbrunn, wo sie 1990 starb.

Sie bewohnte »ein Bilderbuchhaus, der Garten war ein Bilderbuchgarten, ebenso die Landschaft, der Chiemsee und die Berge«, erinnert sich die Schriftstellerin Catarina Carsten, die ihre Freundin – sie darf diese Dinja nennen – in ihrer »Mühle« besuchte:

» … Wenn man ihr Haus betrat, konnte es vorkommen, dass sie sagte: ›Wer kommt, um nachzuschauen, ob bei mir Staub geputzt ist, kann gleich wieder gehen.‹ Meiner Versicherung, dass mich das noch nie interessiert habe, glaubte sie gern.*
Wenn es zu Tisch ging, hatte Dinja einen Lieblingsspruch, den ich immer mit Spannung erwartete: ›Jetzt wollen wir mal etwas Starkes zu uns speisen. Und einen guten Wein haben wir auch.‹
Ich war gerade aus dem Bad gekommen und hatte mich in das ›Nischenbett‹ in der großen Stube gelegt. Sie schaute noch einmal herein: ›Alles in Ordnung?‹
*Ich sah an die hölzerne Decke über mir. Da schwebte ein kunstvoll geschnitzter Vogel** mit ausgebreiteten Schwingen an einem dünnen Faden und bewegte sich leise in der Luft, die durch die geöffnete Balkontür strich.*
›Was ist das?‹
›Volkskunst‹, belehrte sie mich, ›ein heiliger Geist.‹«

Tipp 1: Ihre Nichte, in Prien geboren, wurde »Katrinchen« genannt.
Tipp 2: Ihr Bruder lebte bis 1994 in Breitbrunn.
Tipp 3: »Paralipomena« publizierte sie 1977 mit ihrem Meister *Carl Orff*.

Wer war's? (IV)

»Achtung Steinschlag!« sollte ihre geplante Auto-Biografie heißen, die 1909 in Rostock begann und nach 93 Jahren in Siegsdorf endete.

Ihr Sohn beendet sein »persönliches Vorwort« zu einem Ausstellungskatalog des Deutschen Theatermuseums München 2009 wie folgt:

» … Legendär war ihr unbekümmertes Zugehen auf Menschen. Auf einem Empfang im Schloss Kleßheim bei Salzburg ärgerte sie sich darüber, wie diese anonymen, verwechselbaren ›Pinguine‹ da herumstanden. Entschlossen ging sie auf einen dieser Herrn im Frack und Fliege zu und legte den Zeigefinger auf die gestärkte Hemdbrust: ›Wer sind Sie, und was arbeiten Sie?‹ – ›Gestatten, Kirchschläger mein Name. Ich bin der österreichische Außenminister‹. Oha.
Und dann wieder die Arbeit. ›Widerstand ist Material‹ war das Lieblingszitat von ihrem Freund …. Sie deutete es so: Angst überwinden und aufs Ziel zugehen, denn mit leichter Hand hat sie niemals ein Projekt begonnen: etwas Unsicherheit zuerst, dann Überwindung und allmähliches Anfreunden mit dem Manuskript. Satz für Satz Bedeutung erfragen, in den Rhythmus kommen. So lange, bis sie fit war für die erste Probe. Vor der Premiere waren die Manuskripte zerfurcht, zerfleddert, mit Strichen** übersät …«*
Eine der ganz Großen ihrer Zunft war ausschlaggebend, dass sie sich im Chiemgau niederließ, 1947. 1950 bezieht sie hier einen Bauernhof. Für ihren Sohn schafft sie Schafe an. Ihr Hund hieß »Wampi«.

Tipp 1: Ihren Ehemann kannte man unter der Abkürzung »GG«.
Tipp 2: In ihrem Kosenamen »Janni« steckt ein wenig von ihrem Vornamen.
Tipp 3: Bei der Berliner »Dreigroschenoper«-Premiere teilte sie die Reihe mit *Marlene Dietrich.*

Gefundenes Fressen

Für den Rätselfan ist das Auffinden von Rätseln – ganz egal welcher Art – in Publikationen, die Rätsel nicht erwarten lassen, ein gefundenes Fressen.

Wastl Fanderl, gebürtiger Baderssohn (1915–1991) aus Bergen im Chiemgau, veröffentlichte in Prien (2000, 3. Auflage) ein Lebensbild der rätselhaften Wassertrinkerin Maria Furtner, einer Bauerstochter aus Weizenreit.
Die Tür des Kranzlhofes in Frasdorf) krönt eine gemalte »Rätselinschrift«. Zur Lösung wird wie folgt angeleitet:*

»Man lese den 1., 4., 7., 10. und 13. Buchstaben, dann den 2., 5., 8., 11. und 14., hierauf die übrigen der Reihe nach«.

Welche »drei heilige Namen« haben sich in der Schrift versteckt?

....

....

....

Weder – noch

Da streiten sich die Leut herum – nicht immer um den Wert des Glücks, wie in einem Wiener Lied behauptet wird, sondern um Kleinigkeiten. Etwa darum, ob es sich bei der Kampenwand um einen Berg der Chiemgauer Alpen oder um den Namen einer Priener Schriftstellerin des 19. Jahrhunderts handelt.

Von zwei der folgenden Behauptungen stimmt jeweils nur eine. In einem Fall aber ist die richtige Antwort: weder – noch.

Frauenwörth ist

a eine Chiemsee-Insel
b eine eigene Gemeinde

Seebruck liegt

c mitten im Chiemsee
d am Nordostufer des Chiemsees

Breitbrunn am Chiemsee besitzt

e eine Pfarrkirche
f keinen Friedhof

Kampenwand heißt

g ein Berg der Chiemgauer Alpen
h eine Priener Schriftstellerin

Traunstein ist

i der Hauptort des Chiemgaus
j Weltkulturerbe

Ruhpolding hat

k ein Museum für Volkskunst
l nur 290 Einwohner

Seeon war

m Sitz der Grafen Toerring
n ein Benediktinerkloster (Foto)

Urschalling gilt als

o gotisches Kleinod des Chiemgaus
p Luftkurkort

Was, Sie wollen schon wieder weg?

Kaum war der Rätselrater im Chiemgau, will er auch schon wieder weg? Verständlich, wenn es ins eigene Nest geht (pardon, mit Nest ist nicht der Wohnort, sondern das kuschelige Heim gemeint). Unverständlich, wenn er, der den Chiemgau verlassen will, meint, woanders sei es schöner. Verständlich, wenn der Chiemgau-Flüchtling an den Orten seiner Sehnsucht totalbayern- bis weltberühmte Attraktionen aufsuchen will, die ihn unwiderstehlich anziehen. Die zum Kanon der Bildung eines kulturbewusst Reisenden gehören. Die in der Check-List der Highlights der Sehenswürdigkeiten abgehakt werden können.

Der kleine »Bild-Reisekatalog« zeigt Abseitiges, Sonderbares, Verspieltes aus

1 dem »Herzen Bayerns«, wo ein gewisser »Platzl«-Sänger namens Weiß-Ferdl geboren wurde,

2 einer Festspielstadt, in deren neuer Universitäts-Aula sich Katholisches spiegelt,

3 dem einstigen Hauptort bayern-älplerischer Spielzeugproduktion,

4 einem Tiroler Dorf, wo im Passions- und Festspielbereich die Kühe weiden,

5 der »Alten Saline«, aus der einmal Salzwasser auch in und durch den Chiemgau floss,

6 einer alten Residenzstadt an der Salzach, wo man von der Burg auf den Wöhrsee schaut,

7 Münchens Diözesan-Partnerstadt, wo eine Tafel an einen ihrer berühmten Söhne erinnert,

8 eines Marktes mit Renaissanceschloss, an dem ein traditioneller Faschingszug vorbeizieht.

8 und 7, 6 und 5, 4 und 3, 2 und 1 haben je zwei bestimmte Buchstaben ihres Namens gemeinsam. Es kommt darauf an, das richtige Buchstabenpaar zu wählen. Außerdem sind die beiden Buchstaben bei 2 und 1 von hinten her zu lesen. Wird das alles beachtet, ergibt sich der Name der (in Franken gelegenen) Geburtsstadt eines bedeutenden Chiemgauer bildenden Künstlers des 20. Jahrhunderts.

Lösungen und Hinweise

Umschlagseite innen

Kreuz und quer durch den Chiemgau

		C		S		I	L			H		D		P
S	C	H	L	E	M	M	E	N		E		R		R
	H	I		E		K	O	E	N	I	G	E		I
T	I	E	F		B	E	N	E		L	I	N	D	E
	E	M	I	L		R	H			A	N	T	O	N
	M	I	T	T	E		A	R	E	N	A		M	
	S	N			S	T	R	A	N	D		S		U
R	E	G	E	N		O	D		T		S	T	A	R
	E		I	I				D	E	S		R	L	
		I	N	S	E	L	W	I	R	T		A	D	L
A			F	C		E		A	N	A	E	M	I	E
U	R	F	A	H	R	N		N		R		M		I
	H	O	H	E	I	T	S	A	K	T	E		W	C
		T	R		A	C	H		A	E	R	A		H
B	O	O	T		S		W	E	I	N	L	E	S	E

Seite 7

Hint' und vorn: der Chiemsee

Zu finden waren die Begriffe »Herrenchiemsee« und »Chiemseefischer«. Sie ergeben sich aus den abgebildeten »Herren« (Foto: Fassadenbild, In den Grüben Hs-Nr. 125, Burghausen) und dem »Chiemsee« sowie aus dem »Chiemsee« und dem Nachnamen des Schauspielers, dem Schwabing an der Münchner Freiheit ein Denkmal setzte: Helmut Fischer, »Monaco Franze«.

Seiten 8 und 9

Reines Ladevergnügen

Griestee (Griessee), Sandbad (Strandbad), Reine (Keine), Badeaussicht (Badeaufsicht), Laden (Baden), NATURSCHATZGEBIET (NATURSCHUTZGEBIET), BETRACHTEN (BEACHTEN), Wagen (Wegen), Labern (Lagern), alter (aller), Freiliebende (Freilebende), gehört (gestört), angeleimt (angeleint), beschäftigt (beschädigt), is (ist), nich (nicht), Besinnungen (Bestimmungen), Goldbuße (Geldbuße), Überdachte (Überwachte), Badehose (Badezone), Kojen (Bojen), Ankettung (Rettung), Ertrunkener (Ertrinkender).

Seite 10

Der »Sport des Eisschießens«

Eisstock 2 ist genau gleich. – *) F. Hager: »An der Herdflamme der Heimat«, München 1939, S. 42. Foto: E. Groth-Schmachtenberger aus A. Bichler: »Heimatbilder«, Pfaffenhofen 1987, S. 161.

Seite 11

»Kimmt a Langer übern Anger ...«

*) München 1988, S. 92 bzw. 165. – 1.: Nadel und Faden, (»Schweafi« bzw. »Schweafe«: Schweif); 2. Brennnessel; 3.: Regenwurm (»Hoh'«: Hahn); 4. Körner und Tauben. Foto: altes Taubenhaus, Freilichtmuseum Massing.

Seiten 12 und 13

Treffpunkt für Feinschmekka

Feinschmecker »pilgern« nach ASCHAU und kehren in Heinz Winklers »Residenz« (Foto) ein. – Waagrecht: 1. DEAR, 4. SCHI, 7. BUSCH, 8. RK, 10. AM, 11. FINDLINGE, 14. RAF, 15. FUN, 16. SCHAFFNER, 18. EH, 19. SO, 20. TRARA, 22. MAUT, 23. LUKE. – Senkrecht: 1. DORF, 2. AB, 3. RUNDFAHRT, 4. SCHIFFERL, 5. CH, 6. IMME, 9. KIRCH, 10. AGNES, 12. NAH, 13. NUN, 16. SEIM, 17. ROSE, 20. TU, 21. AU.

Seite 14

Von Tücht bis Tod, von Schaf bis Not

Tüchtge Arbeit nur ist Leben, träge Ruh ist halber Tod. – Schaffend nur kannst du dich heben über aller Erden Not.

Seite 15

Chiemgau-Rekorde

ANASTASIA MANAHAN. Die 1896 in Westpreußen geborene Dame hieß eigentlich Anna Anderson. Sie galt (v.a. in der Boulevardpresse, der sie falsche Angaben zu ihrer Person machte) bis zu ihrem Tod 1984 in Virginia/USA als die Tochter des letzten Zaren Nikolaus II. von Russland. Seit 18. Juni 1984 birgt ein Grab auf dem Friedhof von St. Walburg ihre Urne.

Seiten 16 und 17

Sommer. Im Chiemgau?

GESCHMORTE OCHSENBACKERL. – Chiemgau: GE (Anton Kerschbaumer: Felder bei Gstadt, Gemälde, 1922), SCHMOR (Bronzefigur, Wasserspiele, vor Schloss Herrenchiemsee), TE (Anwesen Fam. Friedrich, Roitham), OCH (Priener Hüte auf Bauernkasten, Museum Sachrang), SEN (Seeon, Klosterkirche, St. Walburg), BA (Almabtrieb, Maria Eck, 2009), CKERL (Marterl, Wattenham). – Übrige Fotos aus: Regensburg (Donumenta-Team vor Steinerner Brücke), Turin (Gedenktafel für Freiheitskämpfer), Moskau (Gemüsemarktfrau), Hohenschwangau (Königsdorf mit Schloss; Neuschwanstein), Potsdam (Cecilienhof), Raitenhaslach (Wirtsgarten).

Seite 18

Auf Pilgerreise

1 (A) BROT – (B) BEET, 2 EULE – ECKE, 3 BINE – BIKE, 4 TAGE – TUBE, 5 KREN – KRAN, 6 KNEF

– KOPF, 7 HILF – HAFF, 8 ERNA – EDDA, 9 AVUS – ANIS, 10 NILS – NUSS, 11 REIF – RIFF, 12 ARNE – AUGE. – Wallfahrtsort: Tuntenhausen (Lk. Rosenheim), Wallfahrtsandenken: Ecker Pfennig, Maria Eck b. Siegsdorf, pfenniggroßes Plättchen, geologische Besonderheit.

Seite 19
Heiliger Strohsack!
GRETL, WASTI (WASTL), HIASL, SEPPI, KATHI (KATHL), BARTL, GUNDL, FLORI, HANSI, VRONI, CILLI, MARIE, STASI. – St. Margarethe: Drache, St. Florian: Löschkübel, St. Maria: Maria-Monogramm. – Ordensfrau: DOMINIKANERIN.

Seiten 20 und 21
Ja oder nein gilt allein
2011 fand zum ersten Mal an der Bergstation der Rauschbergbahn eine Bergweihnacht auf 1670 m Höhe statt. – 3: Ferienstraße Alpen–Ostsee, 4: Ruhpolding, 6: 2011 fand jedenfalls noch ein Basar statt, 7: Es sind nur 8 Sesselbahnen, doch kommen 2 Gondelbahnen hinzu, 8: Silber gab's für den Wettbewerb »Bayerische Küche 2010«.

Seite 22
In anmutiger Landschaft
In der anmutigen Landschaft des schönen Chiemgaus liegt Palling, eine Gemeinde, die Sie zu einem Urlaub fernab von Lärm und Betrieb des Alltags erwartet.

Seite 23
Auf die Plätze!
(1) Am 12. August 1724 … Es wurden 8 Hirsche erlegt, … ein Gewicht von 500 Pfund … (n. e. Postkarte d. Verschönerungs-Vereins Obing, um 1900, Foto)
(2) … über 14 Fahrgastschiffe …, aus dem Jahre 1939 …, wurde 1926 in Dienst gestellt und kann rund 700 Gäste aufnehmen (n. Wandbildkalender »Auf geht's … 2012« d. Chiemgau Tourismus e.V.)
(3) 1936 kostete …, inkl. 7 Übernachtungen … 69 Reichsmark …, als 1958 die magischen »25 Jahre …« (wie (2))
(4) … ist nicht … 50 oder 100, sondern nur 7 Jahre alt …, in den letzten 200 Jahren fast 2 km …, seit über 100 Jahren … (wie (2))
(5) Seit 41 Jahren …, innerhalb von nur 20 Minuten 1060 Höhenmeter … mit über 41 Alpengipfeln … (wie (2)).

Seiten 24 und 25
Zwei Stars (I)
Frauenkloster – Radieschen – Alleskleber – Nordmanntanne – Zitherspieler – Institution – Stacheltier – Kirschgeist – Absender – Herreninsel – Ankerplätze – Gabersee – Eiszeit – Rauchhaus. – Die beiden Stars: Franziska Hager und Herrenchiemsee (einst Sitz des Bischofs von Chiemsee). – *) F. v. Kohlbrenner, wie Hager in Traunstein geb., beide in München gest.: 1960 bzw. 1783. Porträt von W. Angerer d. J. für »Literatur im Chiemgau«, Hg: E. Thaler, 2010, S. 116.

Seiten 26 und 27
» … und Sonne leckt«
Der Chiemseemaler: JULIUS Exter. – 1) 1 KARO 2 ARAL 3 RADI 4 OLIV 2) 1 JUNI 2 UNIS 3 NINA 4 ISAR 3) 1 ASTA 2 STAU 3 TANG 4 AUGE 4) 1 KINO 2 INES 3 NETT 4 OSTE 5) 1 REIS 2 ERBE 3 IBAN 4 SENN 6) 1 ANTI 2 NEUN 3 TUBA 4 INAN. – Foto: Sonne aus Ton a.d. Garten d. Autors.

Seite 28
Kuriositäten-ABCinett
Aus den drittletzten Buchstaben von Christenlehre, Eichenbäume, Heugabel, Laugenstein, Ostergras, Turteltauben, Verantwortung, Xerograph und Zusatzprämie ergibt sich: Huberbuam. Die Buben (Foto) blicken nach oben; handelt es sich bei den Brüdern Alexander Huber und Thomas Huber aus Palling (Lk. Traunstein) bekanntlich doch um Kletterkünstler.

Seite 29
Chiemgauzauber
… UNS ZUM ERSTEN MAL DER CHIEMGAUZAUBER. Dtv-Verleger Heinz Friedrich (1922 – 2004) i. e. Brief v. 7. 7. 1984 (zit. in: H. Heyn: »Der Chiemgau erzählt«, 2011, S. 229).

Seite 30
Aus der Höh' ins tiefe Tal
Hansl muss nach Niederaschau, Franz nach Grabenstätt, Bartl nach Unterwössen.

Seite 31
Maibaumstehlen
*) F. Hager: »Drudenhax und Allelujawasser«, 1975, S. 182.

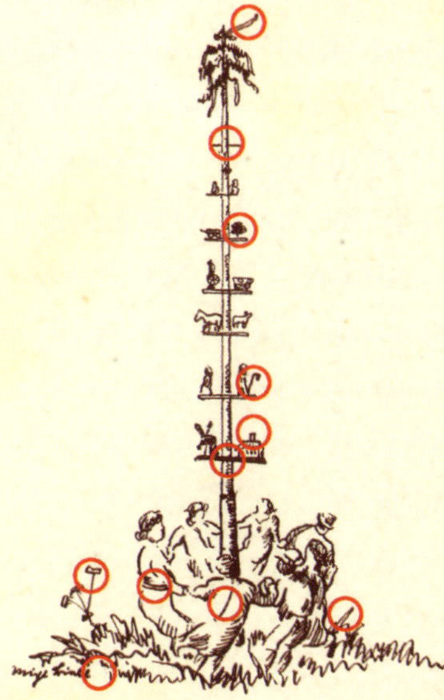

Seiten 32 und 33
Druckfehlerteufel
Anzeigenkurier. – Zu korrigieren: 1. Traunstern: Traunstein, 2. Speermüllabholung: Sperrmüllabholung, 3. Altbausonierung: Altbausanierung, Trockenbar: Trockenbau, 4. Kompetens: Kompetenz, 5. Klimaanlakeninspektion: Klimaanlageninspektion, Sicherheitschech: Sicherheitscheck, 6. Untenwössen: Unterwössen, 7. Reibigungskräfte: Reinigungskräfte, 8. Tixtelreinigung: Textilreinigung, 9. Zusteller/ingen: Zusteller/innen, Vorteil-: Verteil-, 10. Chimming: Chieming. – Aus: »Anzeigenkurier«, Ausg. 12/11.

Seiten 34 und 35
Ratzingers Familiensitz
Die Ratzingers (Foto: Besuch Papst Benedikts XVI. in Altötting, 11. 9. 2006) zogen 1937 nach SURBERG, Gemeindeteil Hufschlag. – Waagrecht: 1. ESSE, 4. ETWA, 7. UI, 8. HAM, 10. OL, 11. BETREUUNG, 14. AGA, 15. ENE, 16. SRW, 17. ABE, 18. ADI, 20. EBE, 22. HOFMILLER, 25. NR, 26. ABO, 27. RD, 28. EFEU, 20. SAGE. – Senkrecht: 1. EUBA, 2. SIEGSDORF, 3. EHR, 4. EMU, 5. WONNEBERG, 6. ALGE, 9. AER, 12. TARIF, 13. UEBEL, 18. AHNE, 19. ZIB, 21. ERDE, 23. MAU, 24. LOS.

Seite 36
»Liegt eine Stadt …«
»Das Lied von Wasserburg« beginnt so: LIEGT EINE STADT IM TALE,/DA ZOG MICH'S TAUSEND MALE/UND IMMER WIEDER HIN,/IM BOGEN LIEGT DER INN. (Weiterlesen b. H. Heyn: »Der Chiemgau erzählt«, 2011, S. 201). Foto: Kunstmaler Willy Reichert (2010), geb. 1937 in München, Wasserburger »Urgestein« der Kunstszene.

Seite 37
Gehört oder gelesen (I)
Hoch-, Gast-, Ur-, See-, Schloss-, Nuss- – Breitflügelfledermauspaare.

Seiten 38 und 39
Mundartprobe
*) F. J. Bronner, gestorben in München (?) 1919 an einer Grippe, brachte auch eine Erwachsenen-Ausgabe dieses Standardwerks heraus. – Übrig bleibt »scherzhaft«. »Laabn« überträgt man besser mit »Altane« als mit »Laube«.

Seite 40
Schild mit »Peckern«
Aus den »gepeckerten« Buchstaben in den Wörtern Frauenchiemsee (ch), Stellen (St), die (ie), Salzburg (al), aus (au), Gilgen (G), betroffen (fe), vom (m) als (al), clementia (m), Universität (iv) ergibt sich Chiemgau Alm Festival.

Seite 41
Kein Brüller
Aus den Buchstaben s (süffig), h (empfehlen), c (jedoch), e (Andechser), m (herankommt), l (Kohlensäureanteil), r (Bier), e (angenehm), h (leicht), l (leider), i (ich), e (Hier) und e (Masse) ergibt sich das Gebräu Chiemseer Hell. Aus den Buchstaben r (Brüller), n (kann), e (empfehlen), t (Kitschiges), u (Augustiner), n (keinesfalls), i (ist), a (aber), t (schwächste) und s (gesetzt) entsteht Traunstein. Texte aus Brauerei-Werbeschrift 2011 eines Traunsteiner Unternehmens.

Seiten 42 und 43
Alles auf Immling?
2009 wurde u. a. die Verdi-Oper »Macbeth« gespielt. – Übrige Fotos aus Oberammergau (Blumen für … Renée Fleming und Rolando Villazon), Babelsberg (Das Monster … aus hiesigem Museum), Halsbach/Obb. (Der Tod am Kreuz …, Szene a. d. »Halsbacher Passion«), Salzburg (Die Young Singers …, Großer Saal Mozarteum), Fürth i. Bay. (Ist sie unschuldig … wurde im Stadttheater bei »Tannöd« gezweifelt), München (Turandot mordet … im Nationaltheater 2011/12), Hallein (Was die Bauern … auf der Pernerinsel in der Salzburger Festspiel-Aufführung des »Ödipus« wohl zu reden hatten?).

Seiten 44 und 45
Viel Verkehr(t) am Chiemsee
1)Die 10 Fehler finden sich in den (falsch geschriebenen) Wörtern Hereninsel, Raueninseln, an, Stadt, Haferl und in den Zeitangaben 16.88, 19.40, 24.40, 14.50 und 9.25. – 2) 10 Fehler: 00.10, 3.10, 19.18, 17.51, Gstadt/Bauhof, ab, 11.48, 16.49. – 3) Winkl ist keine Anlegestelle, Prien und Herreninsel sind verwechselt, statt Pfaueninsel muss es Fraueninsel heißen, statt 130 min sind es nur 30 min, die Fahrt von Seebruck bis Chieming dauert 30 min, die von Gstadt zum Nordsteg der Fraueninsel ganze 5 min, und von Prien zur Herreninsel sind es 40 min weniger.

Seiten 46 und 47
Gasthöfe gesucht
AM-OR, EG-EL, FR-AU, HE-RZ, IS-AR, RI-NG, RO-SE, ST-AR. – Namen der Lokale (weitere Informationen hierzu in »Kulinarische Streifzüge durch den Chiemgau«, 2011): Glockenwirt, Amerang; Fischerstüberl Achenquell, Eggstätt (Foto: Detail aus Metallarbeit von W. Angerer d. J., Seebruck); Inselhotel Zur Linde, Frauenchiemsee; Schlosswirtschaft, Herrenchiemsee (Foto: Türschloss, Burghausen); Restaurant Zum Goldenen Pflug, Ising; Hotel Zur Sonne, Rimsting; Kaufmanns Speisenmanufaktur (Operntenor Jonas Kaufmann, 2009 in München, Foto v. Autor), Rosenheim; Restaurant Gocklwirt, Stephanskirchen.

Seiten 48 und 49
Schön gelegen
Von HOHENASCHAU (2 9 7 1 5 6 8 3 4) aus wurde Aschau i. Chiemgau fotografiert.

9	3	6	7	2	4	1	5	8
4	5	2	3	1	8	6	7	9
8	7	1	9	6	5	2	4	3
1	4	3	8	9	2	5	6	7
2	9	7	1	5	6	8	3	4
6	8	5	4	3	7	9	1	2
3	6	9	2	4	1	7	8	5
7	1	4	5	8	9	3	2	6
5	2	8	6	7	3	4	9	1

Seite 50
Das Ganze, bitte!
*) I. Nadolny: »Seehamer Tagebuch«, München 1962, S. 128. – Zitat-Anfang: »Der Duft der Dinge ist die Sehnsucht«.

Seite 51
Seebräu? Unsinn!
S E E -LAUFWERK, -ALHAMBRA, -BRÄU und -SCHERZKEKS sind Unsinnswörter. Lösung: LABSKAUS.

Seiten 52 und 53
Hofmalers dichtender Spross
*) H. Heyn: »Der Chiemgau erzählt«, S. 270, **) Stieler-Haus, Tegernsee. – Waagrecht: 1. WOESSEN, 8. BREIT, 10. OK, 12. HER, 13. TE, 14. CRI, 16. IRE, 17. HUNDERTER, 18. ASS, 19. HNO, 20. LE, 21. OFT, 23. DS, 24. EBERL, 26. AIBLING. Senkrecht: 2. OB, 3. ERH, 4. SEETEUFEL, 5. SIR, 6. ET, 7. HOCHALM, 9. SEEROSE, 11. KRUSE, 13. TREND, 15. INS, 16. ITH, 21. OBB, 22. TRI. – Der Sohn des Hofmalers Joseph Karl Stieler war der bayrische Mundartdichter Karl Stieler (1843–1885).

Seite 54
KurIIl für LVIIIauben
Klavierspielerin, Sattelfreuden, Steinschlag, Abzweigungen, Weinschorle, Mitternachtsmesse, Rundreise, Tanzweisen, Distelfink.

Seite 55
Chiemgau-Tratsch (I)
Richtig: Exter, Hofmiller, Bauer, Kroetz. Das Übrige ist falsch. – Abgebildet: Verleger Heinz Friedrich (1922 – 2004), der in Roitham wohnte. Porträt, gemalt 1981 von seinem Freund, Bariton Dietrich Fischer-Dieskau.

Seiten 56 und 57
Verreckt versteckt
Versteckt haben sich ROST, MONI, ALM, RAIN, EMSE, ROTTE, OLD, STAD (bairisch für ruhig), ISEN, END' (ABENDROT, Foto auf Frauenchiemsee, 2011), BERTA, CHE (Rufname d. argent. Revolutionärs Ernesto Guevara, 1928–1967), EDER (Pumuckl: Meister E.), GATTE, ERL (i. Tirol), ACH, IGEL, HERA, AMME, ORFF (Carl Orff, 1895–1982, mit dem südöstlichen Chiemgau, Pertenstein, Traunwalchen u. a. eng verbunden. Gemälde im Foyer des Staatstheaters am Gärtnerplatz, München).

Seite 58
Brauchtum lebt
Christkindlsuchen, entnommen: Heiligen, dem, warteten, Zunächst, Cantica, und, Instrumental-Schule, Begleitung, Altbürgermeister, Mühlau, Eiskeller, Heilige, trockenen, Unterschlupf, Familie, eingeübten. Fehlendes Wort: Kinder. Gottesdienst: Kindermette. Foto: Hirtenbuben, Barockkrippe des Münsters Frauenwörth.

Seite 59
Chiemg(en)au
Okay sind die Begriffe bei C, H, R, I, S und T, K, I, N, D, L – Christkindl. – Foto im Hintergrund: Detail am Eingangstor zum Klosterhof auf Frauenchiemsee.

Seiten 60 und 61
Würstl braten, Reiher tratzen
Lösung: RAT.

Seiten 62 und 63
Den kenn ich doch ...!
Peter Scher (1880–1953), Pseudonym für Fritz Schweynert.

Seite 64
Gehört oder gelesen (II)
-Dorf, -See, -Stein, -Insel, -Stätt, -Weg – Wiesenbrüterschutzgebiete.

Seite 65
Wie ein bayrisches »Blattl«
Gras + Sau = Grassau.

Seiten 66 und 67
So nett, doch kein Sonett
(1) Chieming, (2) Stöffling, (3) Seeon, (4) Chiemsee, (5) Mammut, (6) Hochplatte, (7) Meteor, (8) Maibaum, (9) Alz. – Titel des Sonetts: Sommertag auf Herrenchiemsee.

Seite 68
Aus dem Tal auf die Höh'
Jockl geht auf den Breitenstein, Fritz auf den Rauschberg, Hiasl auf die Schwarzbachalm.

Seite 69
Verhunzte Orte
Der richtige Ort wird durch den Ersatz von IN durch OL gefunden: PAVOLDING. Bekannt geworden durch den aus Erlangen stammenden Bildhauer Heinrich Kirchner, der hier jahrelang lebte und arbeitete und 1984 mit 82 Jahren starb. Begraben auf dem Friedhof von Frauenwörth. Mehrere seiner Plastiken stehen im Chiemgau – wie auf dem Foto eine vor dem Rathaus von Seebruck. – Die übrigen Orte: Truchtlaching, Breitbrunn, Wildenwart, Rabenden, Traunstein, Höglwörth, Schnaitsee, Grabenstätt, Frasdorf.

Seiten 70 und 71
Weihnachten im Chiemgau?
Der Flurname: REI-SCHEL-HOLZ. REI: Dreikönigs-Monogramm an Sachranger Hofgebäude, SCHEL: Verschneiter Marmor-Pinienzapfen auf der Fraueninsel, HOLZ: Glasfenster von 1886, Rosenheim, St. Nikolaus. Die übrigen Fotos weisen in den Obinger Pfarrhof-Sommer (KÜN), nach Wien an den »Ring« nahe der Staatsoper (GOR), mit Sisi (DIG) nach Österreich, in die Klosterkirche von Steingaden (MÜN), in die Welt der Malerin Frida Kahlo (»Collage mit 2 Fliegen«, 1953, PFAN), zu J. Wopfners »Fischfang«-Bild (NUSS), nach Pullach b. Forstern (Altarbild: »Das Jüngste Gericht«, SING), in die Münchner Bürgersaalkirche (»Augustinerkindl«, LA), nach Indonesien, wo man mit so einer Zange Muskatnüsse knackte (BUCH), nach Süditalien (Gemälde v. P. A. Barbieri um 1640, LEIT), in die Nähe von Garching/Alz ins Bauernmuseum von J. Schmidhammer (KORN) und nach Krumau, Tschech. Rep. (SEE).

Seite 72
Landkai? Unsinn!
L A N D-KAI, -ROGGEN, -ADERLASS, -UNRUHE, -TROTTEL sind Unsinnswörter. Lösung: KRAUTINSEL. Foto im Hintergrund: »Heumacher«, Stich von G. Stubbs, 1781.

Seite 73
Guter Kontakt
KLEIN-HOLZEN, GROSS-BERGHAM, HOCH-PLATTE, NEU-KIRCHEN, SCHÖN-RAM, ROT-WANDKOPF, SPITZ-STEIN, HART-SEE, WEIT-MOOS, BREIT-BRUNN. Übrig bleibt: SCHLECHT-WETTER. Foto: Farblitho v. M. Chagall, »L' ane au bouquet«, 1954 (Detail).

Seite 74
Natürlich gewachsen
DER NATÜRLICH GEWACHSENE ORT ENGELSBERG LIEGT IM NÖRDLICHEN CHIEMGAU IN ERHÖHTER LAGE INMITTEN HERRLICHER NATUR, UMGEBEN VON KLEINEN GEHÖFTEN UND VIELEN WALD- UND WIESENFLÄCHEN.

Seite 75
's Hüatamadl
*) F. Hager: »An der Herdflamme der Heimat«, München 1939, S. 194

Seiten 76 und 77
Eine solche, die ist lustig
BUSFAHRT – Waagrecht: 6. ZEBHAUSER, 9. EIS, 10. SIE, 11. NS, 14. SI, 15. BROTLAIB, 16. FA, 17. EI, 19. ICH, 22. ERN, 23. PHILOLOGE. Senkrecht: 1. UZEN, 2. ABS, 3. BAR, 4. ASS, 5. DREI, 7. EISBACH, 8. EISBERG, 12. BON, 13. ALT, 16. FIPS, 18. INES, 20. HIN, 21. ROT, 22. EOS.

Seite 78
Chiemgau-Tratsch (II)
Richtig: Radweg, Hausenstein, Chiemseefischer, Seebruck, Hirschauer Bucht. Alles Übrige ist falsch. – Der Abgebildete: der in Traunstein lebende Künstler Rolf Wassermann, hier im Ludwig II.-Jubiläums-Sommer 2011 mit einer Büste des Verehrten, die Wassermann für die Zeit der Veranstaltungen im Schloss Herrenchiemsee dort ausstellte.

Seite 79
Stadt, Alm, Fluss
»Störenfriede«: Rhein, Hemhof, Laferer, Mangfall, Eigelwald, Tittmoning. – Ausflugsziel: Hofalm. Foto: Wasserburg a. Inn, Februar 2009.

Seite 80
Nah oder fern
Hier geht's ums Fingerhakeln. Und das deshalb, weil … AMERANG und HALFING, FELDWIES und ISING, EMERTSHAM und KIENBERG, LAUTER und NEUKIRCHEN, EGGSTÄTT und ROITHAM, GRAINBACH und NEUBEUERN nah beieinander liegen. – Foto: Genremalerei d. 19. Jh., alpenländische Wirtshaus-Szene.

Seite 81
Gleich und doch anders
Das Teekessel-Wort Hahn steckt 11-mal in dem Text.

Seite 82
Wer war's? (I)
Werner Herzog. Filmregisseur (»Fitzcarraldo« 1982 mit K. Kinski in der Hauptrolle), Filmtheoretiker, Schauspieler, Buchautor. 2010: »Die Höhle der vergessenen Träume«, 3D-Doku-Film. Ging in Sachrang zur Schule, inszenierte 1987 R. Wagners »Lohengrin« in Bayreuth (Foto: Klavierauszug, um 1890).

Seite 83
Wer war's? (II)
Wolfgang Sawallisch. Pianist, Dirigent, zuletzt GMD und Staatsoperndirektor in München (Nationaltheater, 2010, Opernfestspiele: »Tosca«), wohnt in Grassau. 1988: »Im Interesse der Deutlichkeit«, Hoffmann und Campe. Signiertes Exemplar 1991 für den Autor dieses Buches.

Seite 84
Wer war's? (III)
Gunild Keetman. Musikpädagogin, Koautorin C. Orffs. Bewohnte das »Mühlenhäusl« in Breitbrunn. 2004: »G.K. Ein Leben für Musik und Bewegung« (Schott, Mainz), daraus der Text von C. Carstens (S. 127). Vermutlich leb(t)en Verwandte der auch als Komponistin bekannten Dame in Marquartstein.

Seite 85
Wer war's (IV)
Marianne Hoppe. Schauspielerin. Bezog ein Bauernhaus in Oberscharam b. Siegsdorf. War befreundet mit Thomas Bernhard (Porträt von W. Angerer d.J. in »Literatur im Chiemgau«, hrsg. v. E. Thaler, s.o., S. 141). Foto: Anstreichungen i.e. O'Neill-Rollenbuch (B. Pargner, »M.H.«, Berlin 2009, S. 145).

Seite 86
Gefundenes Fressen
*) Foto aus: »Die Wassertrinkerin von Frasdorf«, Prien 2000 (3. Aufl.), S. 112. – IESUS MARIA IOSEPH.

Seite 87
Weder – noch
a, d, e, g, k, n, o stimmen. Weder – noch: i, j.

Seiten 88 und 89
Was, Sie wollen schon wieder weg?
Von Altötting (Tram der »Linie 8« von Weiß-Ferdl), Salzburg (Uni-Aula mit Kollegienkirche) »al« (umgedreht: »la«), von Berchtesgaden (Holzspielzeug) und Erl (Tiroler Festspiele 2011) »er«, von Bad Reichenhall (Triebrad der »Alten Saline«) und Burghausen (Blick vom Burgberg auf den Wöhrsee) »en«, von Freising (Gedenktafel in der Domberggasse) und Tüßling (Wagen des Faschingszugs 2008) »ng« genommen, ergibt ERLANGEN, den Geburtsort des großen Chiemgauer Künstlers Heinrich Kirchner. Bleiben Sie also da – und gehen Sie den mit seinen Werken bestellten Skulpturenweg. Die Heinrich-Kirchner-Galerie in Seebruck hat einen schönen Plan für Sie bereit.

Impressum

1. Auflage
© 2012 Chiemgauer Verlagshaus
Inhaber: Maximilian Scheibmair, Breitbrunn
Autor: Prof. Dr. Hans Gärtner, Polling
Illustration & Gestaltung, Layout & Satz: Grafikdesign Storch, Rosenheim
Fotos: Prof. Dr. Hans Gärtner, Shutterstock, Fotolia
Umschlagfoto und Foto S. 20/21: Josef Reiter, Aschau i. Ch.
Druck und Bindung: CPI
Printed in Germany

ISBN 978-3-9813620-6-0